나는 가끔 —— 엄마가 미워진다

상처받은 줄 모르고
어른이 된 나를 위한 심리학

배재현 지음

나는 가끔 ─ 엄마가 미워진다

갈매나무

단 한 사람도 빠지지 않고
털어놓은 이야기

지난 25년간 제가 만난 내담자 중 단 한 사람도 빠지지 않고 털어놓는 이야기가 있었습니다. 바로 어린 시절 부모에게서 받은 비난과 폭력, 정서적 무관심과 방치의 상처였습니다. 그런데 내담자들은 하나같이 "제가 이상하고 유별난 것 같아요. 다 제 잘못이죠."라고 말했습니다. 그들은 어린 시절의 고통과 상처를 애써 부인하고, 대수롭지 않게 여기려 애쓰고 있었습니다. 하지만 귀 기울여 들어보면 그들은 당시 어린아이가 감당하기에는 너무나 두렵고 막막한, 어찌할 줄 모르는 불안하고 외로운 시간을 겪었습니다. 어린 시절 안전함을 느끼게 해줄 어른이 없었던 것입니다. 그리고 몸이 자라 어른이 되었어도 여전히 혼자 절망적으로 견뎌내고 고통의 악순환을 반복하며 지쳐 있었습니다. 언제부턴가 제 마음속에는 '누군가는 이들에게 진실을 말해줘야 한다.'라는 사명감 같은 것이 생겼습니다.

해결되지 못한 상처의 응어리로 고통받고 있는 이들에게 그건 당신이 이상한 것이 아니고 당신 잘못이 아니라고 진심으로 말해줄 누군가가 필요합니다. 실제로 내담자들은 종종 "내가 이상한 게 아니고, 내 잘못이 아니라는 말이 너무도 위로가 되었어요."라고 말합니다. 저는 이 순간이 치유의 시작이라고 느껴졌습니다.

당신이 겪은 어린 시절 고통은 그 어린아이가 부족한 탓이 아니라 부모의 책임이라는 것을 말해주고 싶습니다. 그렇다고 자녀의 고통이 다 부모의 잘못이라고 말하려는 것이 아닙니다. 부모도 각자의 사정이 있고 나름 애를 쓴 부분이 있을 겁니다. 혹은 그 부모에게도 누군가 지지하고 안내해 줄 도움이 필요했을지도 모릅니다. 그렇지만 그럼에도 분명한 것은 당신의 고통은 아이의 잘못이 아니고 당시 어른이었던 부모의 책임이라는 것입니다.

우리는 모두 한때 어린아이였다

우리는 모두 아이에서 어른이 됩니다. 어른에게 절대적으로 의존해야 하는 약한 어린아이의 시기를 거친다는 말입니다. 어린 시절을 이해하지 않고서는 지금의 자신을 온전하게 이해하기는 어렵습니다. 아동기에 겪은 여러 부정적 경험과 상처가 성인기의 신체적·정신적 건강이나 질병과 뚜렷한 연결고리가 있고, 이것이 평생에 걸쳐 치명적인 영향을 미친다는 것이 이제 많은 부분 과학적으로 밝혀져 있습니다. 이 책은 지금의 불안과 우울, 이유 없는 신체의 통증, 낮은 자존감, 대인관계에서의 어려움과 같은 고통이 어디서부터 온 것인지 이해를 돕고자 쓴 것입니다.

성장 과정 동안 감당하기 어려웠던 고통을 살아남고 적응하기 위해 눌러두고 회피했다면 이제는 앞으로 나아가고 성장하기 위해 주의를 기울여야 합니다. 내 삶의 에너지가 불안과 고통에서 달아나기 위한 것이 아닌, 성장과 행복을 위한 에너지로 쓰이도록 말입니다. 문제 해결을 도와줄 안전한 동행자와 함께 인내심으로 스스로를 들여다본다면 새로운 인생을 열어갈 수 있을 것입니다.

시간이 모든 상처를 치유하는 건 아니다

모든 것을 묻어두고 시간을 보낸다고 해서 상처받은 어린 시절의 고통이 그냥 사라지는 것은 아닙니다. 오히려 세월은 아물지 못한 고통을 은폐하고 더 깊은 내상을 만들어냅니다. 해결되지 못하고 숨겨진 상처들은 여러 가지 문제와 증상으로 어떤 식으로든 우리에게 신호를 보내기 마련입니다. 우리는 사실 고통에서 벗어나 온전하게 안정감을 느끼고 성장하고 싶어 하는 존재이기 때문입니다.

어린 시절 부모로부터 받은 상처의 고통은 평생 감당해야 할 숙명 같은 게 아닙니다. 자라지 못한 나의 내면 아이를 어른이 된 내가 시간을 들여 배우고 살피며 안전하게 키워나갈 수 있습니다. 극복할 수 있는 문제이고, 이는 곧 '성장'입니다. 그러기 위해서는 내 삶의 진실을 이해하고 인정해야 합니다. 어른인 내가 어린 시절의 나를 다시 바라보아 주어야 합니다. 상처를 주었던 부모의 그 눈빛이 아니라 건강하고 따뜻한 시선으로 말입니다. 그럴 때 자기 비난에서 벗어나 변화를 시작할 수 있습니다.

저는 우리 내면의 힘을 믿습니다. 성장 과정의 부정적 경험들이 지금 현재 내 삶에 미치는 영향을 알아차리고 자기 내면의 경험을 제대로 이해한다면, 우리는 변화하고 성장하는 존재라는 희망을 여러분과 공유하고 싶습니다.

진정한 치유는 자기 자신이 되는 것

융은 "진정한 치유는 자기 자신이 되는 것"이라고 했습니다. 이는 그야말로 평생의 과정입니다. 우리는 끊임없이 조금씩 나를 발견하고, 보호하고, 다독이면서 살아가는 것입니다. 그 과정을 기꺼이 마주하세요. 그러다 보면 어느 순간 '진정한 나'를 찾을 수 있지 않을까요. 이 길에 함께 서 있을 당신을 마음 깊이 지지하며 감싸 안고 싶습니다. 우리는 혼자가 아니라는 것을 말해주고 싶습니다.

2021년 7월
배재현

차례 ————————————————————————————

3 • 상처받은 줄 모르고 어른이 되었다
– 고통의 흔적을 들여다보다

'스몰 트라우마'라는 말이 있습니다. 트라우마 사건이라고 하면 우리는 자연스럽게 천재지변이나 대형 사건 사고를 떠올립니다. 그런데 정말 그뿐일까요? 이와 같은 생각은 다 큰 어른이 된 나의 생각입니다. 어린 시절에는 부모님이 다투거나 엄마가 내 마음을 몰라주는 경험이 반복될 때 마음이 어찌할 수 없을 만큼 괴롭고 고통스러웠을 수 있습니다. 그 기억이 나도 모르는 사이에 현재에 영향을 미치고 있을 수 있습니다.

1

어린 시절 상처는
그냥 괜찮아지지 않는다

– 아이가 감당하기에는 너무 큰 스몰 트라우마

우리에겐 저마다
다른 모양의 정원이 있다

생텍쥐페리의 소설 《어린왕자》에는 아주 위험한 나무 이야기가 나옵니다. 바로 바오밥나무입니다. 어린왕자에 따르면, 이 나무의 씨앗은 매우 작을 때는 장미 씨앗과 잘 구분되지 않지만 한번 자라기 시작하면 교회만큼 커집니다. 코끼리 떼가 몰려와도 한 그루의 바오밥나무를 다 먹을 수 없을 정도입니다. 그래서 평소에 주기적으로 땅을 살펴보아야 하고, 이게 바오밥나무다 싶으면 얼른 뽑아주어야 합니다.

바오밥나무가 항상 문제를 일으키는 건 아닙니다. 우리가 사는 커다란 지구에서는 바오밥나무쯤이야 어디에서 자라든 문제가 없지요. 하지만 어린왕자가 사는 아주 작은 소행성 B612에서 바오밥나무는 매우 큰 위협이 됩니다. 나무가 방치되어 자라기 시작하면 결국 뿌리가 사방을 관통해 별이 산산조각이 날 수도 있기 때문입니다.

우리 삶의 정원에도 잘 살펴보면 다양한 나무들이 자라고 있습니다. 과거의 어떤 경험과 기억은 느티나무처럼 무성하게 자라 우리 삶에 든든한 그늘을 만들어줍니다. 또 어떤 것들은 꽃과 풀로 아름답게 자라 삶을 풍요롭게 만들어주지요. 그런데 이 가운데 어떤 것은 바오밥나무처럼 무섭게 자라기도 합니다. 특히 우리가 B612 행성처럼 아주 작을 때, 그러니까 아주 어릴 때 경험과 기억이 그렇습니다.

내 마음속
바오밥나무

어린 시절을 거쳐 성인이 되기까지 우리는 크고 작은 많은 일을 겪습니다. 대부분 사람은 그 과정에서 소중한 배움을 얻고 인생의 폭을 넓히며 살아가지요. 하지만 감당하기 어려운 어떤 사건들은 충분히 소화하지 못하고 내면에 하나둘 쌓아두기도 합니다. 특히 어렸을 때가 그렇습니다.

한 사람이 있습니다. 그는 어른인데도 어디를 가려고 하면 화장실을 여러 번 다녀와야 하고 혹시라도 배가 아플까 봐 늘 불안해하는 사람입니다. 그런데 이야기를 나누다 보니 그에게는 어릴 적 이런 기억이 있었습니다. 학교에서 배가 아파서 집에 달려왔는데 엄마가 문을 일찍 열어주지 않은 탓에 그만 바지에 실수하고 만 것입니다. 수치스러운 기억은 이게 끝이 아닙니다. 엄마는 이웃집 아주머니가 보는 앞에서 심하게 혼내며 창피를 주었습니다.

게다가 가족들은 종종 이 이야기를 꺼내 장난삼아 놀렸습니다. 누구도 그때 그 아이가 얼마나 당황하고 수치스러웠을지 이해하고 달래주지 않았습니다. 얼마든지 실수할 수 있는 일이며 앞으로 나아질 거라고 알려주면서 안심시켜주는 어른이 아이에게는 없었던 것이죠. 가족들은 웃으며 이야기했지만, 이 기억은 그의 마음에 오래도록 잊히지 않는 수치심으로 남았습니다.

또 한 사람이 있습니다. 그녀는 어릴 때 친구와 크게 싸운 적이 있습니다. 속상한 마음에 집에 돌아와 엄마에게 이야기를 털어났습니다. 그런데 엄마는 바쁘다는 듯 손사래를 치며 말했습니다. "네가 뭔가 잘못해서 그런 거 아냐? 네가 그러니까 애들이 싫어하는 거야."

그녀에게는 이런 순간들이 많았습니다. 이런 경험은 모든 잘못이 자신에게 있으며, 아무도 내 편이 없다는 생각으로 남았습니다. 그리고 이후 대인관계에서 매사에 주눅이 들고 회피하는 성격으로 굳어졌습니다.

우리에게는 또 이런 경험도 있을 겁니다. 비가 오는 하굣길 우리 엄마만 오지 않아서 자주 비 맞고 혼자 집에 갔던 경험, 외모 때문에 가족에게 반복해서 놀림 받은 경험, 여행 중 엄마를 잃어버렸다가 찾았는데 정작 엄마는 왜 딴청을 피웠냐고 혼내서 서러웠던 경험, 아끼던 반려견의 갑작스러운 죽음, 준비물을 안 가져가서 친구들 앞에서 선생님에게 맞고 창피당한 경험, 부모의 심한 다툼을 늘 지켜봐야 했던 상황, SNS에 내가 원하지 않은 사진들이 돌아다녀서 수치심을 경험한 순간 등등······.

이렇게 일상생활에서 누구나 겪을 법한 경험으로 보이지만, 나에게는 감당하기 버거운 상처로 남은 기억이 누구에게나 있습니다. 그리고 그때 위로와 공감을 충분히 받지 못하면 이 기억들은 내 안에 평생 지속되는 고통의 씨앗이 되기도 합니다.

별것도 아닌 일로
유난을 떤다고?

'너무 사소한 일인걸? 시간이 약이야!' 우리는 흔히 이렇게 생각합니다. 그런데 어떤 경험들은 시간이 한참 지난 후에도 그때의 감정, 생각, 신체 반응들이 고스란히 얼어붙어 있습니다. 그리고 현재까지도 영향을 미쳐서 삶을 불만족스럽게 만들고 일상을 제약합니다. 그렇다면 이들은 크고 작음을 떠나서 개인에게 지속해서 영향을 미치는 트라우마 사건이라고 볼 수 있습니다.

이런 것들을 가리켜 '스몰 트라우마Small Trauma'라고 합니다. 흔히 사람들은 전쟁·재난·천재지변과 같이 생명의 위협을 준 사건 혹은 강간이나 아동기 성폭행 같은 빅 트라우마Big Trauma와 비교할 때 '별것도 아닌 일'이라 치부하곤 하지요. 하지만 여기서 '스몰'이라는 단어는 그런 경험의 부정적 영향력이 작다는 것이 아니라, 일상의 곳곳에 트라우마로 남을 소소한 자극이 널려 있다는 의미를 담고 있습니다.

인생에는 누구에게나 상처가 될 만큼 강력한 자극도 있지만, 제삼자로서는 대수롭지 않아 보이는 자극도 있습니다. 하지만 트라우마 경험은 매우 주관적입니다. 타인과 결코 비교할 수 있는 것이 아닙니다. 개인의 경험과 고통은 그 사건 자체만이 아니라 그 사람 삶 전체의 맥락에서 이해해야 합니다. 우리는 모두 서로 다른 모양의 정원에 각자의 씨앗을 품어 키우기 때문입니다.

스몰 트라우마와
스트레스의 차이

그렇다면 이런 스몰 트라우마는 우리가 살아가면서 겪는 스트레스와는 어떻게 다를까요?

변화에 적응하고 우리가 원하는 바를 이뤄가는 과정에서 스트레스는 피할 수 없는 요소입니다. 이때 일어나는 부정적 감정이나 신체 반응은 변화하고자 하는 개인의 의지나 주변의 상황에 따라, 그리고 필요한 도움을 받아 시간이 지나고 상황이 바뀌면서 자연스럽게 해소되고 회복됩니다.

예를 들어 아이에게는 이사하거나 전학하는 일이 매우 큰 스트레스가 되기도 합니다. 하지만 이때 어른이 상황을 설명해주고 새로운 곳에 적응하는 과정을 함께하며 도와준다면, 아이는 잘 견뎌내고 적응할 수 있습니다. 이때의 스트레스는 충분히 견딜 만한 것이 되고, 그 과정에서 아이는 적응력과 회복력을 한층 더 키울 수 있습니다.

하지만 같은 스트레스 상황에서 그것을 알아주거나 도와주는 어른이 없이 혼자서 견디고 해결해야 한다면 이야기는 매우 달라집니다. 외부로부터 벌어진 상황이 두려워 피하고 싶은데 어린아이로서는 할 수 있는 일이 사실 전혀 없으니까요. 이럴 때 아이는 극심한 두려움과 불안, 공포, 옴짝달싹할 수 없는 극한의 무기력감을 경험합니다. 이처럼 자신을 보호하기 위해 할 수 있는 일이 없고, 한다고 해도 소용이 없는 압도되는 스트레스 경험들이 계속된다면 이는 결국 트라우마로 남습니다. 이것이 트라우마의 본질입니다.

한번 자리 잡은 트라우마는 시간이 지나거나 상황이 바뀐다고 해서 그냥 사라지지 않습니다. 물론 시간이 지나면 우리 안에서 어떤 식으로든 자연 회복의 과정도 일어나지만, 어린 시절 경험한 트라우마로 인한 고통은 '그냥' 극복되지 않습니다. 오히려 아무에게도 말하지 못하고 그 고통을 혼자서 견딜 때, 시간은 트라우마의 치유를 돕기보다 의식 아래로 고통을 은폐하는 쪽으로 작용합니다. 우리가 안전함을 느끼고 회복해 나가기 위해서는 반드시 누군가의 이해와 도움이 필요합니다.

버트런드 러셀은 《행복의 정복》에서 "내가 말하는 행복에 관한

정의와 이야기들이 사람들에게 상식이 되기를 바란다."라고 말했습니다. 트라우마에 대해서도 우리 사회의 이해가 필요합니다. 특히 어린 시절에 경험한 일상의 사건들이 좋지 않은 충격으로 남을 때, 그것이 어른이 되어서도 우리 삶에 얼마나 치명적인 영향을 끼칠 수 있는지를 이해해야 합니다. 이런 이해가 우리 사회의 상식이 될 수 있다면 우리는 좀 더 서로를 다치지 않게 할 수 있을 것입니다.

'까탈'스럽고 '예민'했다는 말

지수 씨는 가족으로부터 "넌 어렸을 때 까탈스럽고 예민해서 키우기 힘들었다."는 말을 많이 들었다고 합니다. 어린 시절을 가만히 되돌아보면, 툭하면 소화가 안 되고 배가 아팠던 기억이 많습니다. 작은 소리에도 잘 놀라고 사소한 일에도 속을 끓여서 "별걱정을 다한다, 넌 걱정을 사서 하니."라는 핀잔도 자주 들었습니다. 크면 안그럴 줄 알았는데 대학에 가고 나서도 조금만 신경 쓰이는 일이 있으면 잠 못 이루고 예민해져서, 가족의 말대로 진짜 자신이 유난스러운 건 아닌지 많이 자책하게 된다고 했습니다.

이 말을 들으면서 저는 정말 안타까웠습니다. 한번 생각해 보세요. 원래 좀 까다로운 아이가 있다면 그게 정말 그 아이의 탓일까요? 이들은 대부분 지금 현재 자신이 경험하는 문제나 고통에 대해 표현하고 도움을 청하기보다는 본인이 이상하고 잘못했기 때문이라고 결론을 내리는 경우가 많습니다. 그렇게 자책감과 우울함을 오랜 시간 견디고 견디다가 도움을 청하러 옵니다. 어른이 되면 더 나아질 줄 알았는데 뭐가 문제인 것일까 하고 말이죠.

다른 사람들은 똑같은 상황과 어려움에 부닥쳐도 충분히 잘 대처하는데 자신은 왜 이렇게 소심할까 자책하는 내담자들이 많습니다. 하지만 대부분 연구 결과는 이들이 원래 이상하고 유별나서 부모를 힘들게 한 것이 아니라고 말해줍니다. 어린 시절 감당하기 어려운 스트레스를 지속해서 겪으면서 이를 제대로 해결하지 못해 나타난 결과일 수 있다는 것입니다.

어른이 되면
나아질 줄 알았는데

어린 시절의 부정적 경험은 평생에 걸쳐 정신적·신체적 건강에 영향을 미치고, 면역계와 스트레스 반응 체계에도 치명적인 손상을 준다는 사실은 이미 많은 연구를 통해 밝혀져 있습니다. 이와 관련해 많이 인용되는 연구 중 하나는 신경과학자 마이클 미니Michael Meaney 박사의 어미 쥐와 새끼 쥐를 대상으로 한 연구입니다.

연구 결과는 놀랍고도 흥미롭습니다. 미니 박사는 실험을 마친 새끼 쥐와 그에 대한 어미 쥐의 반응을 관찰하면서, 어미 쥐가 스트레스를 받은 새끼를 핥아주고 털을 다듬어준다는 것을 발견했습니다. 그런데 여기서 재미있는 것은 어미 쥐마다 새끼를 핥아주고 털을 다듬어주는 정도가 다 달랐습니다. 어떤 어미 쥐는 더 많이 핥아주고 털을 다듬어주었다면 어떤 어미 쥐는 새끼 쥐에게 거의 신경을 쓰지 않았습니다.

연구 팀은 이런 예상을 해보았습니다. 실험으로 인해 스트레스를 받고 온 새끼 쥐를 어미 쥐가 더 많이 핥아주고 털을 다듬어줄수록 새끼 쥐들의 스트레스가 나아지고 좀 더 빨리 안정된 상태로 돌아올 수 있지 않을까? 예상이 맞았습니다. 어미 쥐가 더 많이 핥아주고 털을 골라줄수록, 새끼 쥐의 몸에서는 천연항우울제로 불리는 세로토닌이 방출되고 스트레스 호르몬 수치는 그만큼 더 낮아졌습니다.

나아가 보살핌을 잘 받은 새끼 쥐들은 스트레스에 더욱 효과적으로 대응했습니다. 연구에서는 이 쥐들이 성장했을 때 행동에도 차이가 있다고 보고했습니다. 어미 쥐가 적게 핥아주었던 새끼 쥐들은 공포심이 많고 스트레스에 매우 민감한 반응을 보였습니다. 이에 비교해 어미 쥐의 보살핌을 잘 받은 새끼 쥐는 다 자랐을 때 스트레스에 덜 민감하게 행동했습니다.

당신이 까다롭고 이상한 게 아니다

미니 박사의 연구 결과는 사람에게도 적용해 생각해 볼 수 있습니다. 지친 아이를 쓰다듬어주고 안아주고 다독여주는 보호자의 행동은, 아이가 자신의 스트레스를 가라앉히고 내면의 면역력을 회복하는 데 결정적 역할을 합니다. 미니 박사의 연구 팀은 초기 양육을 소홀히 했을 때 스트레스 조절 장애로 이어진다는 것을 보여주는 연구에서 한 걸음 더 나아가 '사회적 후성유전학Social Epigenetics'이라는 새로운 분야를 개척했습니다. 생애 초기의 다양한 환경 자극뿐만 아니라 엄마의 양육을 충분히 받지 못하면, 아기의 유전자가 작동하는 방식에 변화가 일어날 수 있음을 발견한 것입니다. 가장 먼저 발견한 것은 스트레스 시스템이 작동하는 데 중심 역할을 하는 유전자에 일어난 변화였습니다.

우리는 위험 상황이 닥치면 스트레스 시스템이 작동하고, 위협이 사라지면 스트레스 시스템 작동이 멈추는 자연스러운 호르몬 조절을 통해 자신을 보호합니다. 그런데 후성 유전적 변화로 스트레스 시스템을 켜고 끄는 조절 장치에 문제가 생기면, 스트레스 호르몬 분비가 멈추지 않아 잠시도 긴장을 풀지 못하는 상태가 계속되는 것입니다.

어린 시절 부정적 경험은 대부분 아동이 혼자 감당하기 어려운 것들이 많습니다. 이 부정적 경험을 제대로 해소하지 못했을 때 겉으로는 어른으로 성장했을지 모르지만, 내면의 스트레스 반응 체계는 여전히 심한 사이렌을 울릴 수 있습니다. 사실 우리가 경험하는 많은 부적응과 다양한 문제들은 여기서부터 출발했을 가능성이 큽니다.

살면서 경험하는 스트레스가 견디고 넘어갈 만한 수준이 되려면 그 충격을 완화해 줄 외부의 어른이 필요합니다. 어린 시절에는 일관되고 따뜻하게 반응해 주는 안정감 있는 어른의 존재가 절대적입니다. 안전하고 보호받는 관계 속에서만이 우리는 건강한 스트레스 조절 장치를 발달시켜 나갈 수 있습니다.

내 안에서 여전히 스트레스 신호와 알람이 과도하게 울리고 있다면 그건 내가 원래 까탈스럽고 예민해서가 아닙니다. 스트레스를 받고 돌아온 새끼 쥐에게 핥아주고 털을 다듬어주는 어미 쥐가 있었듯이, 아이에게는 다독여주고 위로해주고 안아주는 어른이 필요한 것입니다. 사실 우리는 아무리 나이가 들어도 이런 대상이 필요한 존재입니다.

몸은 모든 것을
기억한다

미영 씨는 딸 하나를 둔 워킹맘입니다. 이것저것 혼자서 다 챙기느라 잠시도 틈이 나지 않게 바쁘게 지냅니다. 생각해 보면 어려서부터 그랬습니다. 친정 엄마가 바빠서 뭐든 미영 씨 혼자 알아서 하는 편이었습니다. 초등학생 때부터 아파도 혼자서 내과에 갔고, 웬만해서는 아픈 내색을 안 하고 참다가 한밤중에 더욱 심해져서 왜이렇게 미련하냐는 핀잔을 들으며 응급실에 다녀온 적도 있습니다.

성인이 되어서도 크게 달라지진 않았습니다. 자신의 통증에는 둔감한 채, 아파도 별 내색 없이 참고 살았죠. 어느 날 남편이 회사일로 1년 정도 외국에 가야 할 일이 생겼습니다. 미영 씨는 아이를 데리고 함께 갈 수가 없는 상황이었습니다. 어쩔 도리가 없으니 묵묵히 받아들이고 남편이 장기 출장을 잘 다녀올 수 있도록 준비를 도왔습니다.

그런데 남편이 떠날 날짜가 점차 다가오자 갑자기 미영 씨 몸에마비가 오더니 급기야 공황발작이 일어났습니다. 준비 과정에서 딱히 특별한 사건이 있던 것도 아니었는데 말이죠. 그러다 보니 남편도 아이와 아내를 두고 가기가 불안해졌고, 함께 저를 찾아온 것입니다.

문제를 해결하기 위해 치료받는 과정에서 미영 씨는 뜻밖의 사실을 한 가지 깨달았습니다. 남편은 현재 미영 씨가 유일하게 의지하고 지내는 사람인데 그런 사람과 멀리 떨어져 지내야 한다고 생각하니, 이성과 달리 그녀의 내면 깊숙한 곳에서는 불안과 공포의 감정이 매우 강하게 일어났다는 것을 말입니다. 그래서 영문을 알 수 없는 마비와 공황발작이 나타난 것이었습니다. 강렬한 신체 증상으로 표출되기 전에는 그녀 자신의 내면에 이런 감정이 도사리고 있는지를 전혀 알아차리지 못했습니다.

'그때'의 감정이
아직도 남은 이유

정신과 의사 앨리스 밀러Alice Miller는 이렇게 말합니다. "몸은 의식과 보조를 맞추지 못한다. 그러므로 질병이라는 언어를 통해 말을 건네는 것이다. 하지만 어린 시절 자신의 진정한 감정이 부인되고 억압되었다는 사실을 간파하지 못한 사람은 내 몸의 언어를 좀처럼 이해하지 못한다."

자신이 경험하는 신체의 고통이 어린 시절 경험들과 연관될 수 있다는 것을 알아차리기란 사실 쉽지 않습니다. 그래서 문제를 인식하지 못한 채 살아가는 사람이 많습니다. 과민성 대장 증상, 심장의 두근거림, 공황발작, 불안, 원인 모를 공포, 두통, 만성적인 통증 등으로 병원을 찾아가지만 다양한 내과 검사에서 별다른 이상이 없다는 소견을 듣기도 합니다. 혹은 자율신경계에 이상이 있다거나 미주신경성실신증이란 말을 듣지만, 원인을 모르는 경우도 많습니다.

그런데 겉으로 드러나는 신체의 고통 이외에 이들이 살아온 이야기를 듣다 보면, 어린 시절 늘 불안했고 누군가로부터 위로받거나 보호받는 느낌이 별로 없었다는 말을 많이 합니다. 그로 인해 어린 시절에 고통을 겪었다는 사실을 외면하고 살아왔지만, 몸은 알고 있는 것입니다.

어린 시절 정숙 씨 오빠는 부모님이 안 계실 때마다 그녀를 많이 때렸고 사소한 일로 늘 괴롭혔습니다. 정숙 씨는 결코 맞고 싶지 않았지만, 오빠의 기분을 맞춰주기란 쉽지 않았습니다. 집에서 그녀는 늘 긴장했고 할 수 있는 것이 없어서 무기력했습니다. 물론 부모님께 말한 적도 있습니다. 그렇지만 부모님은 "동기간에는 다 그러면서 크는 거야."라고 했고, 나중에 이 사실을 안 오빠는 부모님에게 한 번만 더 이르면 어떻게 될지 보여주겠다며 협박했습니다.

성인이 되어서도 불안을 자주 느끼는 성향이긴 했지만, 그럭저럭 사회생활에 적응하고 살던 정숙 씨는 최근 이상한 일을 겪었습니다. 어린 시절 살았던 아파트의 재개발이 끝나 가족 모두 새로

지은 집으로 이사를 마쳤는데, 이사하고 한 달 정도 지나 집에 있으면 왠지 기분이 가라앉고 머리도 아프고 속이 울렁거리는 증상이 생긴 것입니다.

"새집증후군일까요?" 처음에 정숙 씨는 이렇게 물었습니다. 그렇지만 증상은 갈수록 심해졌습니다. 상담 과정에서 우리는 이 증상이 몸이 보내는 신호였음을 알아냈습니다. 어린 시절 그 집에서 겪었던 긴장감과 아무것도 할 수 없다는 무기력감, 어디론가 벗어나고 싶었지만 옴짝달싹할 수 없었던 과거의 괴로움이 여전히 몸속에 남아 그녀를 자극하고 있었던 것입니다.

앞서 말했듯 트라우마는 단순한 마음의 병, 심리적인 문제로 끝나지 않습니다. 보통 위기 상황을 예감할 때 우리 몸은 긴장하고 떨리고 힘이 들어가며, 두려움과 공포를 느낄 때면 얼어붙습니다. 위험 상황이 지나가고 안정적인 상태가 되어야 비로소 몸의 반응도 정상으로 돌아오지요. 이것이 몸과 마음의 조화입니다. 그런데 원래 몸의 상태로 회복하는 과정이 방해받거나 충분하게 이루어지지 않으면, 이성적으로는 위험이 지나갔음을 알아도 내 몸 한구석에서는 여전히 두려움과 공포의 반응이 지속됩니다. 아무리 오랜 시간이 지났어도 말입니다.

깨닫고 방출하는
시간이 필요하다

성인이 된 우리는 이제 안전하며 스스로 보호할 수 있음을 이성적으로는 압니다. 답답하다면 밖으로 나가 바람을 쐴 수도 있고 친구를 만나 이야기를 나눌 수도 있습니다. 어린 시절에는 혼날까 두려워 부모님이나 다른 형제의 말을 무조건 따랐다면, 지금은 하고 싶지 않으면 안 할 수도 있습니다. 지금의 부모는 더 이상 나를 좌지우지하지 않으며 폭력은 오래전에 사라졌습니다.

그런데도 마음 한 부분은 여전히 내가 안전하지 못하다고 느낍니다. 우리 뇌에는 위험에 가장 먼저 반응하는 정보장치인 편도체가 있습니다. 이 부분은 공포와 고통의 기억에도 관여하죠. 현재는 괜찮은데도 과거를 기억하는 나의 몸이 여전히 안전하지 않다는 알람을 울려주는 것입니다. "조심해라, 긴장을 늦추면 안 된다, 틈을 보이면 다시 위험해진다."라고 말이죠.

어린 시절에는 이런 신호 덕분에 좀 더 빨리 상황을 알아차려서 조심하고 요령껏 대처할 수 있었을 겁니다. 내 생존과 적응에 유용했을 거라는 말입니다. 하지만 어른이 된 지금으로서는 매우 비효율적인 반응이죠. 이제 전쟁은 끝났으니 일상을 재건하고 안정감을 누려도 되는데, 계속 에너지를 쓸데없이 쏟아붓고 있는 셈입니다.

몸의 트라우마 반응을 야생동물에 비유해 설명해볼까요. 야생동물들은 포식자의 사냥터에서 벗어나 안전한 장소로 무사히 돌아오면, 자신의 몸을 부르르 떨어 생명의 위협을 느꼈던 순간 몸에서 발생한 에너지를 자연스럽게 흘려보냅니다. 그러면서 다시 원래의 안정적인 신체 상태로 돌아오지요.

두렵고 위협을 느꼈던 경험들이 트라우마로 남지 않으려면, 이처럼 과도하게 분출되었던 에너지가 적절하게 방출되는 과정이 필요합니다. 그러지 못하면 여러 트라우마 증상들이 생겨납니다. 신체 증상에 주목해서 이를 없애는 데만 치중하면, 트라우마를 온전히 회복할 수 없습니다. 동물과 마찬가지로 다시 안정된 상태로 돌아오기 위해서는 내면의 감각들을 알아차리고 고통의 순간에 잠겨 있던 과거의 에너지를 방출하는 과정이 절대적으로 있어야 합니다.

몸은 여전히 긴장하고 있는데 그것을 자각하지 못하고 생각으로만 '괜찮아, 괜찮아.' 되뇌는 것은 충분하지 않습니다. 시간이 아무리 지나도 어린 시절의 고통, 분노, 무기력, 수치심의 순간들은 내 몸에 저장되어 있습니다. 몸에 새겨져 버린 고통은 시간이 지난다고 저절로 없어지지 않기 때문입니다.

어린 시절 부모는 내 감정을 외면하고 무심히 지나쳤을지 모르지만, 어른이 된 나는 그 감정을 알아차려야 합니다. 그리고 감정의 신호인 내 몸의 언어를 스스로 이해해야 합니다. 공포에 갇힌

과거의 어린아이가 안심하고 길을 찾을 수 있도록, 내 몸의 기억과
제대로 소통하는 방법을 배워야 합니다.

언제 나를 공격할지 모를
커다란 곰과 살고 있다면

"나 같은 아이들의 경우에는 스트레스와 갈등을 담당하는 뇌 부위가 항상 활성화돼 있어서 이를 제어하는 스위치가 무한정 켜져 있다. 알코올중독자인 아빠 혹은 제정신이 아닌 엄마라는 곰에 늘 노출돼 있다 보니 항상 투쟁하거나 도피할 준비가 돼 있다."《힐빌리의 노래》에서 늘 불안해서 감당하기 어려웠던 주인공의 어린 시절을 표현한 구절입니다. 가난한 백인노동자들이 주로 살아가는 오하이오 철강 도시에서 자라 예일대 법대를 졸업하고 실리콘밸리 사업가가 된 J.D. 밴스가 쓴 자전적 소설이었죠.

위험한 상황이 벌어졌을 때 우리 뇌에서는 자신을 보호하기 위한 두 개의 정보처리 신경회로가 작동합니다. 그중 하나가 편도체가 관여하는 회로입니다. 이 회로는 상황을 즉각적으로 판단해 우리가 다가가도 좋은지 아니면 도망쳐야 하는지를 결정하는데, 위험이 감지되면 교감신경이 활성화되어 아드레날린adrenaline과 스트레스 호르몬인 코르티솔cortisol을 방출하라는 명령을 내립니다. 그 결과 심장이 빠르게 뛰기 시작하고 동공은 확장되고 땀이 나고 몸이 떨리고 근육에 힘이 들어가는 신체 반응이 나타납니다. 그리고 우리는 자신을 보호하기 위해 싸우거나^{fight}, 도망가거나^{flight}, 얼어붙기^{freeze}와 같은 생존 반응 태세에 들어갑니다.

'얼어붙기'는 특히 아이들에게서 많이 나타나는 방어 반응입니다. 위험 상황에서 선택할 수 있는 대책이 거의 없고 싸우거나 도망치는 것이 불가능할 때, 너무나 고통스러운데 피할 수 없을 때, 마치 자신을 죽은 상태와 같이 만드는 것입니다. 심장박동도 느려지고 혈압도 떨어지며 자신의 감각을 무감각하게 만듭니다. 멍하게 허공을 응시하고 외부로부터 자신을 차단하여 그 고통을 회피합니다. 이러한 반응들은 의식적으로 이뤄지는 게 아니라 거의 무의식적으로 신속하게 이뤄집니다.

위험한 상황에서 움직이는 또 다른 회로가 있습니다. 이 회로는 문제 상황에서도 더욱 이성적인 판단을 내릴 수 있도록 도와주는 장치입니다. 외부 자극을 시상에서 대뇌 피질과 해마로 전달하여 지금 일어난 상황을 찬찬히 주의 깊게 평가하도록 만들어줍니다. 과거 유사한 상황이 있었는지도 검토하고 이성적으로 무엇이 가장 적절한 대처인지, 나를 위한 것이 무엇인지 판단하도록 돕지요.

불안한 마음이
가라앉지를 않아

이 두 신경회로는 우리가 곤경에 처하면 상호 보완적인 기능을 유지하면서 가장 최선의 보호를 할 수 있도록 서로 협력합니다. 예를 들어 집에서 부모님의 예상치 못한 고함으로 들리는 소리에 놀란 경험이 있나요? 그때 편도체로 가는 회로는 일순간에 그 소리에 집중하게 만들고, 깜짝 놀라서 자동으로 몸이 움츠러드는 반응이 일어나도록 할 것입니다. 반면 대뇌 피질로 가는 회로는 객관적인 상황을 파악하여 고함이 아니라 바람이 불어서 문이 꽝 닫힌 소리임을 확인하도록 이끌어 더는 놀라지 않도록 진정시켜 주는 역할을 합니다.

그런데 트라우마를 경험한 뇌는 이 두 가지 신경회로가 혼란을 일으킵니다. 압도적인 공포를 경험하면 두 신경회로가 상호보완하는 기능에 문제가 생기는 것입니다. 즉각적으로 반응하는 신경회로인 편도체만이 일방적으로 활성화되고, 이성적으로 판단하는 전두엽 피질로 가는 회로는 차단이 됩니다. 위협과 공포를 느낄 때 뇌에서는 불안·공포·놀람 반응에 주로 관여하는 신경전달물질 노르에피네프린norepinephrine이 왕성하게 분비되는데, 이 물질이 편도체의 활성화를 지속시키고 현실적인 상황 판단을 위해 필요한 대뇌 피질로 가는 회로가 차단되도록 합니다. 실제 위험 상황이 다 끝났는데도 여전히 마음이 다급하여 주변을 둘러보고 평가할 여유가 없는 것이죠.

"왜 그런지 모르겠는데 늘 긴장하고 사는 것 같아. 안 좋은 생각이 많이 들고 매사에 마음에 여유가 없어. 뭔가를 늘 해야 할 것만 같고 잘 쉬지를 못하겠어. 그럴 만한 상황이 아닌데 화가 쉽게 폭발해."

혹시 위와 같이 생각해본 적이 있나요? 우리는 이유 없이 긴장하거나 화가 나지는 않습니다. 이런 증상은 만성적으로 위험에 노출되어 과도하게 불안의 중추가 활성화되고 안정을 찾지 못한 뇌의 깊은 곳에서 보내는 신호일 수도 있습니다.

나만 유별나고
의지가 약한 건가?

어린 시절 부모로부터 신체적·정서적 학대를 경험한 사람들은 '내가 조금만 더 눈치가 빨랐다면, 내가 좀 더 영리하고 사랑스러웠다면 그런 상황을 피할 수 있지 않았을까?'라고 생각하며 자신을 자책하는 경우가 많습니다.

수정 씨는 늘 부모에게 이런 말을 듣습니다. "너나 네 동생이나 같은 부모 밑에서 자랐잖아. 네 동생은 괜찮은데 왜 너만 여전히 그렇게 지나간 일을 자꾸 이야기해? 네 성격이 유별나고 의지가 약한 거야." 안타깝게도 이런 말을 들으면 들을수록 과거의 상처는 더욱더 자극받게 됩니다. 그리고 이런 표현은 사실 자녀의 트라우마에 대해 잘 이해하지 못하고 툭 던지는 부모의 합리화이자 변명일 수 있습니다.

트라우마가 될 만한 사건에 대한 취약성은 사람마다 다릅니다. 똑같이 충격적인 일을 경험해도 그에 대한 반응이 제각각 천차만별이라는 말입니다. 외적으로 일어난 사건이 얼마나 큰 사건인지도 중요한 요소이지만, 트라우마에 있어서 핵심은 그 사건 자체보다 '외부 충격이 나의 내면 경험에 어떤 영향을 미쳤는가'입니다. 무엇보다도 나를 진정으로 위로해 주고 안정을 취할 수 있도록 도와주는 누군가가 있었다면, 그 사건은 트라우마로 남지 않고 우리는 좀 더 빨리 회복될 수 있었을 것입니다.

내 마음을
들여다보기가 두려워

"늘 불안하고 편안한 적이 없었던 것 같은데, 내 감정이 뭔지는 정확히 모르겠어요. 눈물이 나거나 기분이 안 좋을 때면 왠지 수치스럽고 내가 부족하다는 생각이 들어요. 뭘 잘했다고 우냐, 그게 울 일이냐, 그 정도는 이겨내야지, 하는 말을 어려서부터 많이 들었어요. 그래서 기분이 나쁘고 가라앉으면 어떻게 해서든 그 감정을 회피하려고만 했어요. 눈물이 나는데도 내가 왜 이러는지 별로 생각해본 적이 없는 것 같아요."

많은 내담자가 이런 말을 합니다. 이런 사람들은 자신의 감정을 잘 이해하지 못하고 다른 사람의 감정도 공감하기 어려워합니다. 이들은 왜 자신의 속마음을 겉으로 표현하지 못할뿐더러, 자신조차도 그 마음을 알 수 없고 알고 싶지도 않다고 말하는 걸까요?

우리는 늘 뭔가를 느끼고 생각합니다. 주의를 기울여 알아채는 것도 있고, 의식의 뒤쪽에서 깨닫지 못한 채 흘러가는 것도 있습니다. 이 과정에서 어떤 것을 행동으로 옮기든 그렇지 않든 간에 이러한 정신 활동은 늘 일어납니다.

우리가 자기 자신을 잘 조절하려면 이 내면의 정신 활동을 잘 알아차리는 데에서 출발해야 합니다. 특히 부정적인 감정이나 생각은 그 정체를 제대로 파악해야 적절히 대처하고 극복할 수 있기 때문입니다. 내 안에서 일어나는 부정적인 반응을 회피하기만 한다면, 그것을 좋은 감정으로 회복하기란 불가능합니다.

공포는 외부에만
있는 것이 아니다

일반적으로 우리는 공포가 주로 외부에서 온다고 생각합니다. 예를 들어 뱀이나 벌레에 물리는 일, 높은 곳에 올라가는 일, 비행기를 타는 일처럼 말입니다. 하지만 어떤 사람들은 정체 모를 슬픔과 외로움, 갑작스러운 분노, 실패와 좌절에 대한 두려움, 심지어 의지하고 사랑받고 싶은 마음까지, 자신의 내면에서 일어나는 감정에 공포를 느낍니다.

자신의 내면에서 일어나는 감정에 두려움을 느낀다는 게 적절해 보이나요? 그런 사람들이 있습니다. 내가 느끼지 말아야 할 것을 느끼고 뭔가 일어나서는 안 되는 일이 일어났다는 생각으로 스스로에 대한 심한 수치심이나 혐오감을 경험합니다. 화내거나 눈물 흘리는 자신이 한심해서 애써 참고 억누르려 합니다. 의지하고 보호받고 싶어 하는 자신이 나약하다고 자책하며 두려움을 느끼기도 하지요.

한번 생각해 보세요. 공포의 대상이 외부에 있다면 피하면 됩니다. 뱀을 만나면 도망갈 수 있고 높은 곳에 안 올라가면 되고 일상이 제한되더라도 비행기를 타지 않으면 됩니다. 그러고 나면 우리는 안전함을 느낄 수 있습니다. 그런데 피하고 싶은 두려움의 대상이 자신의 내면에 있는 사람들은 어떨까요?

이들 역시 모든 방법을 동원해서라도 내면의 안 좋은 감정을 외면하고자 합니다. 늘 뭔가 일을 만들어 바쁘게 움직여서 내면의 그 무엇에 주의를 기울이지 못하도록 하거나 다른 기억이 떠오를 새가 없도록 하죠. 내면의 고통을 의식 위로 떠올리고 알아차리는 일이 감당이 안 되고 너무나 두렵기에, 수단과 방법을 가리지 않고 회피하는 겁니다.

내 안의 감정을
회피하는 이유

자신의 내면 경험을 자각하는 데에 공포를 느끼는 이유가 몇 가지 있습니다. 먼저 어린 시절 부모와의 정서적 공감과 유대감이 부족한 사람들은 압도될 것 같은 강렬한 감정을 어떻게 느끼고 이해하고 대처해야 하는지 부모와의 관계에서 배우지 못한 경우가 많습니다. 두렵고 불안할 때 어른으로부터 위로받고 안심한 경험이 별로 없는 것입니다. 그 감정들을 어떻게 다스려야 다시 안정될 수 있는지를 모르니, 공포를 느끼고 피하려고만 하는 거죠.

둘째로 이들은 내면에서 일어나는 감정을 있는 그대로 받아들이기보다 좋은 것이나 나쁜 것으로 평가하고, 대부분 부정적인 것으로 판단해 버립니다. '화가 나는 것은 나쁘고 위험한 신호', '눈물이 나는 것은 부끄러운 일', '의지하려는 마음은 나약한 것'과 같은 식으로 말입니다.

물론 우리는 모두 즐겁기를 원합니다. 고통은 되도록 피하고 싶죠. 하지만 우리 내면에서 일어나는 감정과 생각은 그때그때 자극으로부터 일어나는 반응일 뿐, 좋고 나쁘다고 평가할 수 있는 성질이 아닙니다. 그러한 내적 경험이 우리를 좋은 사람 혹은 나쁜 사람으로 만드는 것도 아니죠. 단지 그 순간 분명 이유가 있어서 생겨나는 나의 경험, 나의 한 부분일 뿐입니다.

마지막으로 특정 감정을 과거의 안 좋은 사건을 불러일으키는 끔찍한 신호로 여기는 경우가 있습니다. 예를 들어 슬픔을 느끼면 어렸을 때 버려졌던 느낌의 전조라고 생각하거나 불안을 느끼면 무조건 좋지 않은 징조라고 받아들여 이러한 감정을 피해버립니다. 왜 그런 감정이 찾아왔는지 들여다볼 생각을 전혀 하지 않고 말이죠.

아, 내가 화가 나고
억울하구나

우리는 자신의 마음을 알아차리고 조절하는 것을 대부분 부모의 반응을 통해 배워나갑니다. 자녀와 부모 사이에 일어나는 무수한 상호작용을 통해서 있는 그대로의 감정을 느끼고, 제대로 표현하고, 조절해 나가는 과정을 배우는 것이죠.

UCLA 대학교 정신의학과 대니얼 시겔Daniel Siegel 교수는 우리 내면의 감정회로가 발달하는 과정을 카메라 렌즈 초점을 맞추는 일에 비유했습니다. 아이들의 뇌는 아직 발달하는 과정에 있어서 자신의 감정이나 내면의 상태를 명확하게 알아차리지 못하며, 표현할 수 있는 언어에도 한계가 있습니다. 부모가 아이의 기분을 살피고 아이가 하는 말에 적절히 반응해 주는 과정을 거치며, 아이는 자신의 감정을 보다 구체적으로 인식합니다. 즉 카메라가 렌즈 초점을 정밀하게 맞출수록 이미지가 선명해지는 과정과 유사하다고 볼 수 있습니다.

이유 없이 짜증을 내거나 시무룩한 아이에게 엄마가 다가갑니다. "너 아까 그 일이 마음에 걸려서 그렇구나, 그래서 화가 났니? 기분이 안 좋은 것 같은데 어떻게 하면 네 마음이 좀 편해지겠니?" 이런 식으로 말입니다. 부모가 함께 아이의 내면 세계에 주파수를 맞춰주는 시도를 하는 것입니다.

아이는 이러한 부모와의 소통을 통해 자신의 마음을 들여다보고 감정을 알아차리는 방법을 비로소 익히게 됩니다. '아, 내가 화가 나고 억울한 거구나, 이럴 때는 눈물이 나올 수도 있겠구나, 다른 사람도 이런 기분을 느끼는구나.' 하고 말이죠.

자기 내면에 대해 부모와 소통이 잘 이루어진 아이들은 자신의 감정을 어려움 없이 알아차리고 표현하는 방법을 자연스럽게 익힙니다. 나아가 타인의 감정에 공감하고 배려할 줄 아는 성인으로 성장합니다. 이 과정은 책을 통해서 배울 수 있는 것이 아닙니다. 우리 감정의 뇌가 잘 발달할 수 있도록 부모가 안정적이고 일관되게 외부에서 조절해 주는 역할을 해주어야 가능합니다.

감정의 뇌가
발달하려면

공감에 관해 설명할 때 자주 등장하는 용어가 거울 뉴런mirror neuron입니다. 이탈리아 연구진들이 운동과 관련된 뇌의 영역을 연구하던 중 우연히 발견했는데요. 한 연구자가 장난으로 원숭이의 땅콩을 빼앗아 먹었는데, 이를 지켜본 원숭이의 두뇌 영역이 땅콩을 직접 먹었을 때와 똑같이 활성화된 것을 알아낸 것입니다. 상대방의 행동을 지켜보는 것만으로도 마치 직접 경험한 것처럼 뇌가 반응한 것이죠.

더욱 흥미롭고 놀라운 점은 연구자가 그냥 손을 들어 올리거나 흔들면 원숭이들이 반응하지 않고, 예측 가능한 순서나 의도가 포함된 행동에만 반응하더라는 것입니다. 예를 들어 컵을 든 손을 들어 올리면 물을 마실 것이라는 예측을 하고, 거울 뉴런은 그 행동을 모방할 준비를 한다고 합니다.

인간의 거울 뉴런은 표정과 몸짓 같은 비언어적 신호를 읽고 타인이 하는 행동의 의도를 이해하는 데 관여한다고 알려져 있습니다. 부모가 자녀의 감정에 적절하게 반응하고 공감을 표현하는 무수한 상호작용을 통해 거울 뉴런은 제대로 발달합니다. 다른 사람과 교감할 때 우리 뇌는 이런 거울 뉴런이 활성화되기 때문입니다.

이처럼 우리가 성장 과정에서 가장 많이 접하는 부모가 나와 눈높이를 맞추고, 내 표정에 반응해 주고, 내 말에 귀 기울여 주면서우리는 마음속 경험을 확인받고 부모와 연결되어 있음을 느낍니다. 이것은 우리의 정서 조절 능력이 발달하는 데 절대적으로 필요한 과정입니다.

감당할 수 있을 만큼
조금씩 천천히

어린 시절 이러한 지지와 보살핌을 받지 못하고 성인이 되면 감정을 읽는 데 어려움을 느낍니다. 특히 해결되지 못한 트라우마 기억을 담고 있는 사람은 자신의 내면 경험을 들여다보는 데 두려움을 느끼죠. 또는 자신에게 이런 두려움이 있다는 것조차 알지 못하는 경우도 많습니다.

트라우마 치료를 시작할 때 가장 중요한 것은 고통스러운 어린 시절 기억을 다루는 일이 아닙니다. 내 감정과 경험을 들여다보는 걸 두려워하고 있음을 스스로 알아차리는 일이 먼저입니다. 서두를 필요는 없습니다. 시작이 중요한 것이니까요. 그 두려움을 어떻게 다루어야 할지, 지금의 내가 감당할 수 있는 만큼 조금씩 천천히 찾아가도 괜찮습니다.

나를 자극하는
기억의 창고가 열릴 때

이성적으로는 자신의 상황을 이해하고 받아들이는데, 순간적으로 이해되지 않는 강렬한 감정을 경험할 때가 있습니다. 선영 씨도 그중 한 사람이었습니다. 그녀는 집에서 하릴없이 시간을 보내면 늘 불안감에 휩싸였습니다.

"집에서 좀 쉬고 있다가도 내가 이럴 때가 아닌 것 같고 뭐라도 해야 할 것 같아서 한심하고 비참한 느낌이 들어요. 나 자신을 끝도 없이 비난하는 목소리가 들려오고 뭐라도 하지 않으면 날벼락이 떨어질 것처럼 불안해요. 이성적으로 생각하면 지금 내가 집에서 쉬어도 누구도 뭐라고 하지 않는다는 것을 분명히 알아요. 그런데 내가 왜 이러는지 모르겠어요."

그러다가 상담을 하면서 과거를 기억해내고 자신의 반응을 이해하게 되었죠. "어릴 적에 제가 늦잠을 자거나 빈둥거리면 아빠는 문을 벌컥 열고 들어와서 소리를 질렀어요. 정신 차리고 부지런히 살라고 소리치면서 물을 가져와서 끼얹기도 했어요. 늘 불안했죠.

지금은 아빠와 따로 살고 내 집에서 편안히 지내면서도 막상 느긋하게 있으려고 하면 불안이 올라오고 몸이 움찔해요. 제가 지금 어릴 때 느낌을 순간 다시 경험하고 있는 거지요?"

마치 과거 그 시점으로
되돌아간 것 같다

《복합 외상후 스트레스 장애Complex PTSD: From Surviving to Thriving》의 저자 피트 워커Pete Walker는 위의 예에서 설명한 이런 양상들을 '정서적 플래시백Emotional Flashback'이라고 설명합니다. 정서적 플래시백은 어린 시절 부모에게 정서적 공감과 지지를 받지 못하고, 지속해서 신체적 학대나 폭언을 겪은 사람들이 많이 경험하는 증상 중 하나입니다. 성장 과정에서 받은 고통과 강렬한 감정들이 해결되지 못하고 억눌려 있을 때 나타나지요. 외부의 다양한 자극으로 인해 순간적으로 과거의 고통스러웠던 감정에 휩싸이는 것입니다.

정서적 플래시백은 어떤 장면, 소리와 맛, 특정 장소나 상황, 혹은 사람으로부터 자극을 받아 일어날 수 있습니다. 나를 자극하는 기억의 창고가 열리면, 머릿속에 떠오르는 생각 그리고 몸에서 느껴지는 것들이 마치 지금 일어나고 있는 일처럼 착각하게 됩니다. 압도되는 두려움과 공포, 분노, 극한의 무기력감, 자책감, 수치심, 우울, 슬픔과 같은 감정을 마치 과거의 그 시점에 가 있는 것처럼 자신도 모르게 경험하는 것입니다. 육체적으로도 위기 상황에서 벌어지는 반응이 활성화되어 강렬한 신체 반응에 휩싸이기도 합니다.

이러한 반응 대부분은 아주 오래된 기억으로부터 옵니다. 의식 안쪽에 들어 있던 과거 경험들의 플래시백인 것입니다. 당사자는 관련된 과거의 사건을 기억해 낼 수도 있고 전혀 떠올리지 못할 수도 있습니다. 지금 경험하는 강렬한 감정이 과거 경험의 영향을 받고 있다는 것을 전혀 알아차리지 못하는 경우가 대체로 많지요.

반응의 핵심에는 아무것도 할 수 없다는 극한의 무기력감과 두려움, 아무도 나를 도와줄 수 없다는 버림받은 느낌이 자리한 경우가 대부분입니다. 만약 특별한 이유 없이 늘 자신을 과도하게 비난하고 혐오하는 목소리가 들리는 것 같고 수치심을 심하게 느낀다면, 이것 역시 정서적 플래시백 경험일 수도 있습니다.

정서적 플래시백은 어린 시절 학대를 겪은 사람들에게 수시로 일어나며, 그 감정 반응은 매우 강렬한 것에서부터 미묘한 것까지 다양합니다. 짧은 순간 일어나기도 하고 꽤 오랜 시간 경험하기도 합니다.

그런 일이 있었지,
이제는 괜찮아

철호 씨는 상담을 시작한 지는 얼마 되지 않았지만, 자신의 이야기를 풀어내면서 과거 기억이 현재의 불안이나 공황장애 증상과 어떻게 연결되어 있는지를 이해해 가는 과정에 있었습니다. 문제를 뒤돌아보고 증상을 다루는 방법을 조금씩 배워가면서, 일상에서 안정감을 느끼는 순간들이 점점 늘어나고 있다고 말하기도 했습니다. 그런데 어느 날 상담에 와서 지난 일주일은 모든 것이 다시 처음으로 돌아간 것처럼 두렵고 불안했다고 말했습니다.

"친구와 영화를 보러 갔었어요. 〈신과 함께〉라는 영화였는데, 중간에 형이 동생을 괴롭히는 장면이 잠깐 나왔거든요. 그 장면을 보니까 갑자기 속이 울렁거리고 숨이 잘 안 쉬어지면서 식은땀이 났어요. 도저히 참을 수 없어서 밖으로 나왔죠. 그러고 나서는 악몽을 꾸고 며칠 동안 불안하고 힘들었어요.

한동안 이제는 다 잊어서 괜찮은 줄 알았는데, 어릴 때 형한테 매일 맞고 괴롭힘당했던 순간, 그리고 부모님이 형제는 다 그렇게 크는 거라면서 도와주지 않아서 나 혼자 할 수 있는 것은 아무것도 없었던 그때 상황이 지금 다시 일어나는 일처럼 느껴졌어요."

우리 안에 자리 잡은 트라우마 기억은 시간이 지난다고 완전히 없어지지 않습니다. 고통의 순간이 어떻게 아무렇지도 않게 편안해질 수가 있겠어요. 하지만 내가 느끼는 이 감정이 현재 내 삶에서 비롯하는 것이 아니라 과거로부터 온 정서적 플래시백이라는 것을 분명히 이해한다면, 우리는 이 고통을 줄이기 위한 시도를 시작할 수 있습니다.

치료 과정에서 저와 내담자가 기대하는 회복이란 어떤 극적인 모습이 아닙니다. 과거의 트라우마를 떠올렸을 때, 바로 그 순간은 안 좋은 느낌이 들 수 있지만 이내 적절한 거리를 두고 '아, 그때는 정말 힘들었지, 내 인생에 그런 시간이 있었지. 하지만 그건 지나간 일이야, 나는 이제 안전하고 괜찮아.' 하고 받아들일 수 있게 되는 것입니다.

시도해보기

정서적 플래시백을 다루는 열세 단계

피트 워커는 정서적 플래시백을 다루기 위한 여러 방법을 소개한 바 있는데, 여기서는 제가 실제 치료에서 활용했을 때 도움이 된 내용을 열세 단계로 다시 정리해 보았습니다.

무엇보다도 정서적 플래시백을 다루는 방법들을 객관적으로 이해하고 자신에게 적용해 보기를 권합니다. 그리고 이 과정을 함께 나눌 누군가가 있다면 더욱 많은 도움이 될 것입니다. 어린 시절에는 고통을 혼자 견뎌냈다면 지금은 누군가와 함께할 기회를 자신에게 주는 것도 필요합니다. 또 내가 플래시백을 경험하는 순간이 언제인지, 이때 어떤 반응이 나타나는지, 지금 내가 다르게 대처한다면 어떻게 할 수 있을지를 구체적으로 적어보는 것도 좋습니다.

1. "나는 지금 플래시백을 겪고 있는 거야. 과거의 힘든 기억이 되살아난 것뿐이야."
   한순간 예측하지 못한 강렬한 감정을 느낀다면, 힘들겠지만 한 걸음 물러서서 자신에게 가장 먼저 이렇게 말해줄 수 있으면 좋겠습니다.

"내가 지금 경험하는 것은 어린 시절 아무것도 할 수 없었던 때의 느낌이야. 이건 나의 전체가 아니라 어느 부분에서 느끼고 있는 거야. 지금은 위험하지 않아. 괜찮아."

2. "나는 지금 두려움을 느끼고는 있지만, 실제로 위험하지는 않아. 어린 시절의 그때가 아니야. 지금은 안전해."
   주변을 한번 천천히 둘러보세요. 그리고 자신을 안심시켜 주는 말을 떠올려 보세요.

3. "지금 나는 스스로 선택할 수 있고, 다른 사람과 거리를 둘 수도 있어."
   어린 시절에는 자신을 보호할 수 없었지만, 지금은 누구도 나한테 함부로 하지 못하도록 대처할 수 있음을 알아차리는 것입니다.

4. "나는 네 편이 되어서 너를 도와줄 거야. 지금 열심히 방법을 배워나가고 있으니 좀 더 잘할 수 있을 거야."
   나의 내면 아이에게 말해주세요. 어떻게 안심시켜야 할지 아직은 자신이 없더라도 지지하고 응원해 주세요.

5. "이 고통은 이미 지나간 고통이고 곧 사라질 거야."
   무기력한 어린아이는 이 고통이 끝나지 않고 안전한 미래는 영원히 오지 않을 거라 생각했을지 모릅니다. 하지만 지금 느끼는 플래시백은 반드시 끝이 있고 지나가리라는 것을 기억하세요. 어린 시절 고통도 시간이 지나면서 안정되었고, 지금 배운 대로 자신을 다스릴수록 점점 더 빨리 고통이 가라앉는다는 사실을 떠올려 보세요.

6. "나는 지금 어른의 몸이야."
   작고 어리고 약한 어린아이가 아니라 도움을 청할 수 있고 필요한 조치를 할 수 있는 어른이라는 사실을 떠올려 보는 것이 도움이 될 수 있습니다. 손을 뻗어 아이의 손이 아닌 어른으로서의 내 손을 바라보세요.

7. "나만의 안전지대를 만들어볼까?"
조금이라도 몸이 편안하고 안정감을 느낄 수 있는 장소를 찾아봅니다. 따뜻한 온기를 느끼도록 담요를 덮어도 좋고 안정감을 주는 커다란 인형을 안아도 좋습니다. 좋아하는 음악을 듣거나 향이 나는 초를 켜 두어도 좋습니다. 편안한 자세를 취하고 앉아서 천천히 심호흡을 해봅니다.

8. "나를 비난하는 일은 이제 그만하자."
'왜 또 이래? 내가 역시 그렇지, 뭐.' 하는 비난과 자책의 목소리가 들린다면 이건 과거의 목소리이고 불안한 지금의 나에게 적절한 말이 아님을 알아차려야 합니다. 그 순간 나를 다독이고 안심시켜 줄 말을 찾아보세요. 이것은 연습을 통해 얼마든지 배울 수 있습니다.

9. "내가 경험한 무기력함을 인정하고 달래주자."
플래시백은 오래전 표현되지 못한 어린 시절의 공포와 상처, 버림받은 감정을 풀어줄 기회이기도 합니다. 이 과정에서 슬픔을 느낄 수도 있습니다. 어쩌면 내 고통에 따라 일어나는 자연스러운 반응입니다. 이를 판단하지 말고 있는 그대로 허용해 주는 것이 도움이 됩니다.

10. "내가 경험하고 있는 플래시백을 믿을 만한 사람에게 이야기해 보자."
내가 원할 때 혼자 시간을 보낼 수는 있습니다. 그렇지만 수치심과 버림받는 것에 대한 두려움으로 스스로 고립시키지는 않아야 합니다. 내가 경험하는 플래시백에 대해 믿을 만한 친구와 가족에게 표현하고 도움을 청해봅시다. 주변 사람들이 다 이해하지 못하더라도, 우선 내가 표현해 본다는 것이 중요합니다.

11. "플래시백을 유발하는 요인을 찾아보고 신호를 알아차리자."

나를 자극하거나 안전하지 않다고 느껴지는 사람, 장소, 활동을 주의 깊게 살펴보고 이로부터 거리를 두는 연습을 해봅시다. 그러면서 내 생각의 흐름을 알아차리고 이전과는 다르게 나를 보호할 방안들을 차근차근 찾아나갈 수 있습니다.

12. "과거의 나는 어떤 상처를 받았던 걸까?"

플래시백이 계속 일어나는 데에는 이유가 있습니다. 정서적 플래시백에 담긴 과거로부터의 메시지에 귀 기울여 보아야 합니다. 조금씩 안전함을 느끼면서 과거의 메시지를 이해할 수 있게 된다면, 그 안에서 어린 시절의 상처를 발견하고 치유할 기회를 얻을 수도 있습니다. 여전히 충족되지 못한 어린 시절의 욕구가 무엇인지 이해하고 어떻게 그것을 안정시킬지 찾아봅시다. 과거의 트라우마 감정은 매우 강렬한 경우가 많으므로, 이런 과정을 이끌어주고 함께할 동반자가 있는 것이 안전합니다.

13. "서서히 회복할 수 있어. 기다려야 해. 나는 성장할 거야."

회복은 의지로 되는 것만은 아니지만 이런 연습을 하는 과정에서는 마음을 굳게 먹는 의지가 중요합니다. 무엇보다도 자신을 믿고 기다려주는 마음을 잃지 마세요.

아동기 부정적 경험에 대한 연구

우리는 오랜 시간 인간의 발달과 관련해 모르는 것이 많았습니다. 당시에는 최선의 정보였을지 모르지만, 지나고 보면 왜곡해서 알던 부분도 적지 않았습니다. 어린아이가 성장하는 과정에서 경험하는 트라우마에 대해서는 말할 것도 없습니다. '아이들은 놀라거나 상처를 받아도 어리니까 잘 모를 거야, 기억하지 못하고 금방 잊어버릴 거야, 자라면서 자연스럽게 지나갈 거야.' 하고 믿던 시절이 있었습니다.

말하지 못하는 아이 처지에서 보면, 철저하게 무지한 어른의 관점이었습니다. 아이는 부모나 가정을 선택할 수 없죠. 성장 과정에서 부모가 다정함을 보여주지 않고 지속해서 무시하거나 모욕을 주어도 아이는 그 스트레스에 대처할 수도 피할 수도 없습니다.

내 안에는 시한폭탄이 있어요

다행히도 이제는 많은 것이 밝혀졌습니다. 어린 시절 부정적인 삶의 경험은 고스란히 우리 뇌에 저장되어 평생에 걸쳐 몸과 마음에 영향을 미친다는 사실 말입니다.

내과 의사였던 빈센트 펠리티Vincent Felitti 박사는 1995년부터 1997년까지 3년 동안 26만 명을 대상으로 아동기 부정적 경험Adverse Childhood Experiences, ACE 연구를 시행했습니다. 그는 성장 과정에서 겪은 여러 유형의 역경이 이후 심각한 신체적 질병을 비롯해 우울, 불안과 같은 정신적 문제와 긴밀하게 관련되어 있음을 밝혀냈습니다. 다음은 부정적 아동기 경험의 내용입니다. 18세가 되기 이전에 다음 열 가지 범주 중에 어떤 것을 경험했는지 표시하는 것입니다.

- 정서적 학대(반복적)
- 신체적 학대(반복적)
- 성적 학대(접촉)
- 신체적 방임
- 정서적 방임
- 가정 내 약물 남용(알코올의존이나 약물 남용의 문제가 있는 사람과 함께 거주)
- 가정 내 정신질환(우울증이나 정신질환을 앓은 사람 또는 자살을 시도한 사람과 함께 거주)
- 어머니가 폭력을 당함
- 부모의 이혼 또는 별거
- 가정 내 범죄행위(가족 중 투옥된 사람이 있는 경우)

연구 결과에 따르면 26만 명의 전체 연구 대상 가운데 67퍼센트가 부정적 아동기 경험의 열 개 항목 중 최소 한 가지 항목에 해당하였고, 네 가지 이상에 해당하는 사람도 무려 12.6퍼센트였습니다.

열 개 범주의 각 항목은 스몰 트라우마와 빅 트라우마를 떠나 모두가 성장 과정에 치명적인 영향을 미칠 수 있는 것들입니다. 그리고 이러한 부정적 경험을 어린 시절 어쩌다 한 번 경험한 것이 아니라 성장 과정

중 반복적으로 경험했다면 이것은 건강한 성인으로 발달하는 데 매우 심각한 영향을 줄 수 있습니다.

불행이 질병이 되기까지

ACE 점수가 높다는 것은 무엇을 의미할까요? 성장 과정 동안 고통을 견뎌온 그들은 스트레스 호르몬을 분비하고 조절하는 시스템과 면역체계가 불안정할 수 있고, 그 결과 심장병·당뇨·암 등과 같은 심각한 질병에 취약한 상태일 수 있습니다. ACE 점수가 높은 사람은 ACE 점수가 0점인 사람과 비교하여 알코올이나 약물 남용의 문제가 높고, 우울증의 위험은 네 배에서 열두 배까지 높아진다고 합니다. 한마디로 내 안에 언제고 문제가 될 수 있는 시한폭탄을 안고 있다는 이야기입니다.

존스홉킨스 대학교 크리스티나 베델Christina Bethell 박사 연구 결과를 보면 ACE 점수에서 1점을 받는 아동은 전체의 48퍼센트, 2점 이상을 받는 아동은 전체의 23퍼센트를 차지했습니다. 결과에 영향을 미칠 수 있는 아동의 나이, 부모의 인종, 경제적 요소와 같은 변수를 조정하고 나서 보았을 때 2점 이상을 받은 아동들은 ADHD(주의력결핍 과잉행동장애), 불안, 우울과 같은 정서적인 면이나 발달상의 문제를 겪을 확률이 거의 다섯 배가 높다고 보고되었습니다. 또 다른 결과에 따르면 ACE의 열 가지 항목 중 한 가지 항목이라도 지속해서 노출된 아동은 그렇지 않은 아동에 비교해서 학습과 행동에 문제가 생길 확률이 열 배가 높았습니다.

소아과 의사인 네이딘 버크 해리스^{Nadine Burke Harris}는 《불행은 어떻게 질병으로 이어지는가》에서 펠리티 박사가 ACE 연구를 시작하게 된 일화를 소개합니다. 내과 전문의인 펠리티 박사는 당뇨와 비만으로 오랫동안 진료를 받아온 그의 환자가 체중을 45킬로그램 감량했다가 곧 다시 원래 체중으로 돌아온 것을 보고 원인을 알아보고자 면담하던 중 우연히 놀라운 사실을 발견했습니다.

펠리티 박사가 "처음 성관계를 했을 때는 몇 살이었습니까?"라고 물어보려던 것을 "처음 성관계를 했을 때는 몸무게가 얼마였습니까?"라고 잘못 물어보았는데, 그녀가 "18킬로그램이었을 때요."라고 대답하고 다음과 같이 덧붙인 것입니다. "제가 네 살 때였어요. 상대는 아버지였고요."

펠리티 박사는 이 상담을 계기로 비만 환자 면담 과정에서 아동기의 성적 학대 경험을 상세히 질문했고, 두 명 중 한 명이 성적 학대 과거력이 있다는 충격적인 결과를 얻었습니다. 비만이나 당뇨와 같은 신체적 질병과 어린 시절 신체적 학대의 경험이 밀접하게 연관될 수 있다는, 그동안 전혀 관심을 두지 않았던 문제에 그야말로 눈을 뜬 것입니다.

여러분도 한번 어린 시절을 되돌아보면서 점검해 보세요. 각 항목당 1점으로 계산하고 '예'라고 답한 것을 더한 것이 나의 ACE 점수가 됩니다.

당신이 열여덟 살이 되기 이전에…

1. 부모나 집안의 다른 어른이 당신을 자주

   - 모욕하거나 무시하거나 창피하게 했나요?

   - 당신이 몸을 다칠지도 모른다는 두려움을 느끼도록 행동했나요?

2. 부모나 집안의 다른 어른이 당신을 자주

   - 밀치거나 세게 움켜잡거나 손찌검을 하거나 당신에게 무언가를 던졌나요?

   - 당신에게 맞은 자국이 생기거나 다칠 정도로 세게 때린 적이 있나요?

3. 어른이나 최소한 당신보다 다섯 살 많은 사람이 한 번이라도 당신을

   - 만지거나 애무했거나 성적인 방식으로 자신의 몸을 만지게 강요한 적이 있나요?

   - 당신에게 구강, 항문 또는 질 성교를 시도했거나 실제로 한 적이 있나요?

4. 당신은 다음과 같은 생각을 자주 했나요?

   - 아무도 나를 사랑하지 않거나, 나를 중요하거나 특별한 사람으로 생각하지

     않는다.

   - 가족들이 서로를 위하거나 가깝다고 느끼거나 지지해 주지 않는다.

5. 당신은 다음과 같은 생각을 자주 했나요?

   - 먹을 것이 충분하지 않거나, 더러운 옷을 입어야 한다거나, 나를 보호해 줄

     사람이 아무도 없다.

   - 부모가 술이나 마약에 너무 취해 나를 보살피지 못하거나, 필요할 때 나를 병

     원에 데려가지 못할 것이다.

6. 당신의 부모는 별거한 적이 있거나 이혼했나요?

7. 누가 당신의 어머니 또는 양어머니를 자주

  – 밀치거나 세게 움켜잡거나 손찌검을 하거나 그녀에게 무언가를 집어 던졌나요?

  – 발길질하거나 물거나 주먹이나 단단한 것으로 때렸나요? 또는 적어도 몇 분

  이상 계속 때리거나 총이나 칼로 위협한 적이 있나요?

8. 당신은 술 문제를 일으키거나 알코올의존자인 사람 또는 마약을 하는 사람과

  함께 살았나요?

9. 가족 구성원 중 우울증이나 정신질환에 걸렸거나 자살을 시도한 사람이 있었나요?

10. 가족 구성원 중 교도소에 간 사람이 있었나요?

펠리티 & 안다 부정적 아동기 경험(ACE) 연구 중에서

정서적 방치emotional neglect 혹은 정서적 학대emotional abuse에 대해서 들어

보셨나요? 정서적 학대는 우리 사회에도 나쁜 바이러스처럼 만연해 있

어 아이들의 정신 건강을 심각하게 파괴하지만 보통 사람들은 그 심각성

을 잘 모릅니다. 아이에게 밥을 주지 않으면 살 수 없는 것처럼, 내 마음

을 알아주고 공감해 주는 누군가와 정서적 연결감이 없으면 그건 사실

인간답게 성장하는 것을 방해하는 치명적인 요소가 됩니다.

2
·

나는 왜 엄마가 가끔 미워질까?

– 나도 몰랐던 정서적 학대의 기억

부모님이 날
때린 건 아니었지만

오은영 박사가 출연하는 〈요즘 육아 금쪽같은 내 새끼〉는 자녀 양육 과정에서 어려움을 겪는 부모들과 함께 무엇이 문제인지 짚어보고 해결 방법을 찾아가는 프로그램입니다. 매우 다양한 사례가 등장하는데, 매번 느끼는 것이지만 주인공 어린아이의 속마음을 들으면 마음이 뭉클해집니다. "너는 요즘 뭐가 걱정이야?", "어떨 때 너는 속상해?", "엄마는 너를 어떻게 생각하는 것 같아?"라는 질문들에 아이들은 놀랄 정도로 자신의 마음속 진심을 표현합니다. 그 아이가 표현할 수 있는 최선으로 말이죠.

힘들어하는 아이들을 보면 자신의 속마음을 엄마에게 표현할 기회가 많지 않습니다. 또 부모들은 아이 처지에서 그들의 이야기에 귀 기울인다는 것이 무엇인지 잘 모르는 경우가 많습니다. 많은 아이가 털어놓는 말들에는 '나는 엄마를 사랑하는데 엄마는 나를 안 좋아해요, 나를 싫어해요, 엄마는 내 마음을 몰라줘요.'와 같은 속마음이 담겨 있었습니다.

부모는 나름대로 아이를 잘 먹이고 열심히 교육하려고 애쓰지만, 정작 가장 중요한 것은 아이의 마음을 알아주는 일임을 잘 모르는 경우가 태반입니다. 그러다가 방송 영상으로 아이와의 상호작용을 한 걸음 떨어져 바라보고 누군가 문제를 짚어주는 순간 비로소 깨닫습니다. '내가 아이의 마음을 전혀 몰랐구나, 겉으로 드러나는 표현 뒤쪽의 마음에 대해서는 생각해 보지 않았구나.' 하고 말입니다. 나아가 부모 자신의 어린 시절 상처가 알게 모르게 자녀를 대할 때 투영되고 있다는 사실을 새삼 깨닫는 부모도 많습니다.

'어려서 잘 모를 거야'
라는 착각

한 걸음 물러서서 바라보지 않으면 부모와 자녀 관계에서는 무슨 일이 벌어지고 있는지 알기 어려울 때가 많지요. 자신의 내면을 알아차리고 표현하는 능력이 아직 발달하지 못한 아이는 그때그때 자신이 겪고 있는 고통이 무엇인지 파악하는 데 한계가 있습니다. 부모가 나에게 하는 말과 태도, 행동이 어린 아이로서는 감내하기 어려운 수준이라는 것을 잘 모릅니다. 오히려 되돌아오는 부모의 반응을 통해 '엄마는 나를 싫어해, 내가 잘못해서 엄마를 화나게 했어, 난 별로 중요한 사람이 아니야.'라는 생각만 계속합니다.

이렇게 부모는 무엇이 잘못되었는지 제대로 알지 못하고 아이는 채워지지 않는 정서적 욕구를 충족하지 못한 채로 수십 년을 지냅니다. 그리고 자녀의 마음 한구석에는 자신도 모르게 '누구도 날 원하지 않아, 난 사랑받을 만한 사람이 아니야.'라는 지울 수 없는 흔적이 남습니다.

"생각해 보면 부모에게 맞고 자라는 친구도 많았는데, 엄마 아빠는 절 때리지는 않았어요. 필요한 만큼 지원도 해주셨고요. 하지만 늘 냉정하고 심한 폭언을 하곤 했어요. 제 편이라는 느낌은 없었죠. 그런데 저보다 부모에게 더 심하게 상처받고 학대받은 사람들도 있을 텐데, 다들 나름 잘 지내지 않나요? 제가 뭔가 부족한 건 아닐까 싶어요."

사람들과 편안하게 지내기가 너무 어려워서, 자신에게 문제가 있는 건 아닌지 오랜 시간 고민했다며 찾아온 민영 씨가 한 말입니다. 하지만 막상 상담하면서 어린 시절을 돌아보았고, 자신이 부족하거나 이상하다고만 생각할 일이 아님을 처음 알게 되었다고 털어놓았습니다.

"상담을 마치고 심리학 관련 책을 찾아봤어요. '내면 심리'나 '내면 아이'와 같은 것들에 대해서요. 그리고 나서 깨달았어요. '아, 내가 부모님께 조금 상처를 받은 게 아니라 학대를 받은 거구나, 정서적인 공감을 거의 받지 못한 것도 학대인 거구나.'라고요."

한 사람의 고통은 누군가와 비교할 수 있는 것이 아닙니다. 어른이 되어서도 여전히 어린 시절의 상처로 고통받고 있다면 그 사람만의 이유가 분명 존재합니다. 왜 여전히 회복하지 못하고 있는지 비난받을 일이 아니죠. 누구나 앞으로 나아가고 싶고 마음 편안하게 지내길 원합니다. 일부러 자신을 고통 속에 둘 리는 없습니다. 그렇지 않나요?

사랑하는데도
상처를 주는

당신이 이상하고 문제라는 생각에서 한 걸음 벗어나 생각해보세요. 어린 시절 당신이 불안하고 두려울 때 누군가 다정하고 따뜻한 말을 건네주어 마음이 편안해진 기억이 있나요? 아니면 아무도 당신 감정을 알아주지 않거나 혹은 잘못을 지적하고 비난하여 마음을 더 아프게 하지는 않았나요? 아이가 어려움을 겪어 힘들어하고 있다면, "별일도 아닌데 호들갑"이라는 부모의 무심한 반응조차도 상처가 될 수 있습니다. 하물며 "말 안 듣더니 쌤통"이라든지 "네 인생은 스스로 책임져야지, 내가 왜 너 때문에 힘들어야 하냐"는 비아냥을 듣는다면 어떨까요?

아이는 자신에게 일어난 부정적인 사건보다도, 당시 부모가 보인 냉소적인 반응을 더 아프고 깊은 상처로 기억합니다. 부모는 걱정이 되어서 기운 빠지지 말라고 한 말이라며 변명할지 모르지만, 아이에게는 비난과 경멸과 폭언으로 기억될 수도 있습니다.

저는 오랜 세월 내담자들을 만나면서 이렇듯 사소해 보이는 경험들이 성인이 되어서까지 정신 건강을 해치는 요인으로 작용한다는 것을 절실하게 깨달았습니다. 문제는 정작 부모도 당사자도 이런 정서적 학대의 심각성을 잘 모른다는 것입니다.

아이에게 밥을 주지 않으면 살 수 없다는 사실은 누구나 압니다. 나아가 이제는 마음을 알아주고 공감해주는 정서적 보살핌도 인간답게 성장하는 데 반드시 필요하다는 것을 알아야 합니다. 우리가 살아가는 데 다정한 공감과 따뜻한 위로는 '있으면 좋은 것'이 아니라 '없어서는 안 될 것'이기 때문입니다.

작은 일에도
엄마한테 너무 화가 나요

20대 중반의 해수 씨는 자꾸 사람들을 피하는 등 대인관계가 힘들어 고민 끝에 제게 상담을 청한 분입니다. 그녀가 의자에 앉으면서 처음 꺼낸 말은 이랬습니다.

"남들은 다 이겨내면서 살아가는데 제가 유별나서 상담까지 하는 건 아닌지, 창피해서 한참을 망설였어요." 좀 예민한 성격인 데다가 평소 우울하고 화가 잘 조절되지 않아 힘들었는데, 최근 공황 증상까지 생기면서 그냥 참을 일이 아니라는 생각으로 결심을 한 것입니다. 처음 상담 시간에 가족에 관한 이야기를 나눌 때 해수 씨는 이렇게 말했습니다. "우리 가족은 이상적이고 화목한 편이에요. 엄마 아빠가 크게 다툰 적이 별로 없고, 부모님을 따르며 좋아하는 사람도 많아요. 저는 우리 가족이 자랑스러워요."

하지만 어린 시절 힘든 것은 없었는지 물어보자 어렵게 입을 떼었습니다. "부모님은 이성적이고 사회적으로도 유능하고 다 좋은데……. 정말 이해가 안 될 때가 많았어요. 초등학교 때 친구들이 저한테 심하게 장난을 치고 놀렸어요. 집에 가서 울면서 엄마에게 말했는데 엄마는 아무렇지도 않게 '걔네가 불쌍한 애들이니 네가 너그럽게 용서하고 참아줘라, 넓은 마음으로 잘 감싸줘라.' 하는 거예요. 전 어떻게 해야 할지는 정확히 몰랐지만, 제가 부족한 탓이고 엄마 말이 옳다고 생각했어요. 그런데 엄마는 제가 힘들다고 할 때마다 늘 그런 식인 거예요. 너그러운 마음으로 잘 대처하라고 말이죠. 그게 전부였어요."

말문이 터지면서 속마음이 조금씩 드러나기 시작했습니다. "언제부터인가 제가 이 세상에 혼자인 것만 같고 비참했어요. 이게 반복되다 보니 힘든 일이 있어도 전혀 말을 하지 않게 됐어요. 그런데 어른이 되어 생각해 보니, 우리 가족은 내가 힘들 때 공감이란 것을 전혀 해주지 않았던 것 같아요. 자식이 힘들어하면 먼저 내 딸의 마음을 알아주고 편도 들어주고, 그런 다음 어떻게 할지를 가르쳐야 하지 않나요? 그런데 한 번도 내 편을 안 들어줬어요. 지금은 작은 것에도 엄마에게 너무 화가 나요."

어느새 해수 씨의 얼굴은 상기되어 있었습니다. 그러면서도 동시에 부모님에 대해 이런 생각을 하는 게 죄책감이 든다고 말했습니다. 분노와 죄책감, 자신에 대한 비난들로 뒤섞인 마음이 얼마나 복잡할지 충분히 이해되어 제 마음이 더 아팠습니다. 지금 그녀가 겪는 고통은 어린 시절부터 누적되어온 공감의 부재가 낳은 결과였습니다.

'꼭 필요한 것'이
언제나 없을 때

돌이켜보면 성장 과정에서 내가 경험하지 못한 것, 나에게 일어나지 않는 일에 대한 상처가 있을 겁니다. 무엇인가 문제가 있는 것 같은데 딱히 상처라고 분명히 기억하지는 못합니다. 해수 씨처럼 말이죠.

'정서적 방치emotional neglect'라는 말이 있습니다. 꼭 있어야 할 것이 없는 것, 즉 부모가 아이의 감정에 주의를 기울이지 않거나 무시하고 내버려 두는 것입니다. 우리는 부모로부터 사랑을 기대하며 인정과 지지가 절대적으로 필요한 존재인데 말입니다.

특히 아이가 곤란한 상황에 부닥쳐 불안하고 두려움을 느끼는 순간에 부모가 그 감정을 외면하고 무시하거나 오히려 비난하며 회복할 수 없는 치명적 상처를 주는 경우가 많습니다. 부모로부터 외면받는 부정적 경험은 아이에게는 우리가 상상하는 것보다 훨씬 더 크게 전달됩니다. 이들에게는 애초에 문제가 된 사건보다 오히려 부모의 반응이 더 강렬한 트라우마가 되지요.

물론 누구에게나 성장 과정에서 부모로부터 감정을 외면당한 기억이 있습니다. 하지만 대부분의 시간 동안 부모가 우리를 위해 애써왔다는 사실도 알고 있죠. 어쩌다가 부모가 보이는 무관심과 외면, 짜증, 화풀이, 이유 없는 비난 등을 모두 다 상처로 간직하지는 않습니다. 하지만 지속해서 정서적 반응이 없고, 공감의 실패가 반복되면 문제가 커지는 것입니다.

정서적 방치는 당장은 눈에 바로 드러나는 것이 아니므로 이와 같은 행동이 내 정신을 얼마나 망가뜨렸는지 알지 못하고 받아들 이기도 쉽지 않습니다. 어린 시절의 경험이 지금의 고통과 직접 연 관되어 있다는 것을 말입니다.

그럼 이렇게 한번 생각해볼까요. 연인이나 친구, 혹은 동료가 번번이 당신의 말을 무시하거나 반응이 없다면 여러분은 무슨 생 각이 들까요? 그 사람에게 별로 말을 걸고 싶지 않고 함께하고 싶 은 마음도 줄어들지 않을까요?

비난하는 것보다
더 치명적인 것

연인과 부부 사이의 정서적 의사소통에 대해 교육할 때 바람직하지 못한 소통 방식으로 두 가지를 꼽습니다. 바 로 '비난하기'와 '외면하기'입니다. 그리고 둘 중 관계에 더욱 치명 적인 것은 '지속적인 외면하기'입니다. 어쩌면 이해가 잘 안 될 수 도 있습니다. 딱 보아도 '비난하기'가 더 문제가 될 것 같은데 말입 니다.

하지만 생각해보세요. '비난하기'는 좋지 않은 방식으로 자신의 화나 불편한 감정을 상대방에게 표출하는 일인데, 어찌되었든 이 때는 드러난 그 감정들을 바탕으로 서로 무엇인가 해결하기 위한 시도를 할 수 있습니다. 하지만 '외면하기'는 상대의 반응이나 상대가 나에게 다가오고자 하는 정서적 시도에 아무런 주의를 기울이지 않고, 무시하거나 전혀 다른 데에 초점을 두는 태도입니다. 그야말로 관계 속에서 어떤 것도 일어날 기회가 없는 진공상태와 같습니다. 이런 상황이 반복되면 다른 의사소통을 꾀하거나 회복할 기회를 찾는 일이 불가능해집니다.

앞의 예를 구체적으로 상상해 보죠. 여자친구가 회사에서 힘들었던 일을 이야기하며 "그 사람은 어떻게 그런 식으로 일을 처리하는지 모르겠어. 정말 번번이 너무 힘들어!"라고 말을 걸었을 때, 남자친구가 휴대전화를 들여다보며 "야, 근데 여기 음식점 맛있겠다. 가볼까?"라고 반응한다고 해봅시다.

여자친구는 어떤 마음이 들까요? 상황마다 다르겠지만 남자친구가 자주 그런 반응을 보인다면 무시당하는 느낌을 받아 서운하고 화가 나겠지요. 이런 식으로 감정을 외면하는 반응이 계속된다면 "나는 네 상황이나 감정에 별 관심이 없어. 너와 이런저런 것들을 나누기를 원하지 않아."라는 말로 전달될 것입니다.

아이가 부모로부터 전달받는 감정이 어른들 사이에서 주고받는 감정과 크게 다를까요? 그렇지 않을 겁니다. 아이가 부모에게 다가가 반응을 얻고자 하는 시도들이 반복해 무시를 당하고 외면을 받으면, 아이는 이를 "엄마 아빠는 너에게 줄 것이 없어. 너는 너무 요구가 많아. 우리는 네가 피곤하고 힘들어."라는 신호로 받아들입니다. 부모가 자신을 좋아하지 않고 관심이 없다고 느끼는 것입니다.

어른이 된 우리는 나에게 무관심한 반응을 보이는 상대방과는 거리를 둘 수도 있고, 아니면 그러려니 하고 상대방을 이해해 보려 노력할 수도 있습니다. 하지만 아무리 어른이라도 서운해서 마음이 상하는 일은 피할 수 없을 것입니다. 그런데 아직은 어리고 힘이 없기에 부모에게 절대적으로 의존할 수밖에 없고, 나아가 부모의 다정함과 지지가 필요한 아이들은 과연 어떨까요?

엄마에게도 아픔을 말하지 못한다는 건

애착이론으로 유명한 영국 심리학자 존 볼비John Bowlby는 "엄마에게 말하지 못하는 것은 스스로에게도 말하지 못한다What can not be spoken to the (m)other cannot be told to the self."라는 인상적인 말을 했습니다. 우리가 가장 안전하고 믿을 수 있는 대상이라고 기대하는 엄마에게조차도 말하지 못하고 감춰둔 고통스러운 감정과 기억은 자연스럽게 해소되지 못하고 우리 안 어딘가에 차곡차곡 쌓일 수밖에 없습니다.

누구에게도 자신의 아픔을 표현하지 못하는 것은 결국 인간만이 가지고 있는 감정의 뇌가 성장하는 데 커다란 장해가 됩니다. 앞서 살펴보았듯 엄마로부터 다정한 지지, 정서적 공감, 위로를 받아본 적이 없다는 것은 스스로 감정을 달래고 고통을 조절해나가는 과정을 배울 기회가 부족했음을 말해주기 때문입니다. 그러다 보면 자신의 감정을 회피하고 고통에 점차 무감각해질 뿐만 아니라, 타인의 감정에 진정으로 공감하기도 어려워집니다.

《그들의 등 뒤에서는 좋은 향기가 난다》라는 책을 보신 적이 있나요? 스웨덴의 여성 만화작가 오사 게렌발이 그린 그래픽노블입니다. 오사 게렌발은 이 책에서 우리가 성장 과정 중에 가족 안에서 경험할 수 있는 감정적 방치와 무관심의 단편들을 정말 잘 그려 냈지요.

책은 주인공 제니가 친구들에게 낯설고 못마땅한 감정을 느끼는 장면으로 시작합니다. 제니의 친구들은 함께 모여서 아빠와 보낸 즐거운 시간이나 엄마의 건강을 걱정하는 마음 등 가족과 관련해 친밀한 이야기를 꺼내놓는데, 제니는 그 말에 공감하기가 어렵습니다. 심지어 속에서 뭔가 부글부글 끓는 것처럼 반감이 일어나기까지 합니다. 다른 친구들과 달리 제니는 뭐가 문제였을까요.

문제를 알기 위해서는 제니의 어린 시절로 돌아가야 합니다. 어린 시절 제니는 부모와 감정적 교류를 나눈 기억이 거의 없습니다. 학교에서 친구와 싸웠을 때도, 영화관에서 또래 남자 친구들에게 심한 괴롭힘을 당해 충격을 받았을 때도, 무엇이든 제니가 이야기를 꺼내려고만 하면 엄마 아빠는 화제를 돌리거나 별다른 반응이 없습니다. 제니는 '차라리 뺨이라도 얻어맞았으면……'이라는 생각이 들 정도였습니다. 점점 제니는 그 누구에게도 솔직하게 도움을 요청할 수 없는 사람으로 자라갔습니다. 독립적이었지만 동시에 늘 불안했고, 마음 한편에는 공포심을 품고 있었습니다.

점점 무엇도

느끼기가 어렵다

　　　　　제 내담자 중에서도 제니와 비슷한 고통을 겪은 사람이 있었습니다. 대학생인 연희 씨는 상담하러 와서도 자신의 속마음을 드러내고 표현하기까지 꽤 많은 시간이 걸렸습니다.

연희 씨가 자신이 무엇인가 잘못되었다고 느끼기 시작한 건 미팅 앱 때문이었습니다. 미팅 앱을 통해 낯선 남자들을 자주 만나면서 충동적으로 남자를 만나는 자신에 대해 점점 불안해졌고 위기감이 들었습니다. 감정과 충동을 잘 조절하지 못하는 자신에게 뭔가 문제가 있다는 생각이 들었고, 이런 생활을 지속하다가는 정말 감당할 수 없는 일이 생길 것만 같았습니다. 그래서 아르바이트를 해서 혼자서 상담비를 마련해 저를 찾아왔다고 했습니다.

두 번째로 만났을 때 저는 연희 씨에게 심리 검사 결과를 이야기해 주었습니다. 연희 씨는 겉으로는 즉흥적이고 충동적인 사람처럼 보이지만 내면에는 정서적 소외감, 고립감, 우울감, 오랜 시간에 걸친 무기력감이 있었습니다. 저는 조심스럽게 부모님은 연희 씨가 상담하는 것을 알고 있는지 물어보았습니다. 연희 씨는 그 이야기에 조금 민감한 반응을 보이면서 부모님이 이 상담과 무슨 상관이 있는지 제게 다시 물었습니다.

사실 제가 연희 씨에게 물어본 것은 단순히 부모님이 어떤 정보를 알고 있는지가 아니었습니다. 지금 현재 연희 씨가 힘들어하는 것을 가족이 어느 정도 이해하는지, 가족에게 지지를 받는지에 관한 것이었습니다. 연희 씨가 앞으로 변화하는 데 충분히 영향을 미칠 수 있는 요소이기 때문입니다.

하지만 이야기를 듣고 연희 씨는 생각할 것도 없다는 듯이 바로 이렇게 말했습니다. "제 선에서 해결하면 될 것 같아요. 부모님에게 이야기하면 더 피곤해질 것 같고 그것 때문에 더 신경 쓰일 것 같아요. 부모님은 제가 아주 잘 지내고 있다고 생각하거든요." 이어 연희 씨는 부모님에게 자신의 고통을 설명하는 것은 별로 도움이 안 되는 일이라며 부연설명을 했습니다.

"저희 부모님이 특별히 나쁜 사람은 아니에요. 주먹을 휘두르거나 저를 학대한 적은 없어요. 다만 저를 키우는 과정에서 별 감정 표현이 없었을 뿐이에요. 저를 딱히 혼내는 일도 없었지만, 칭찬이나 별다른 관심도 없었어요. 엄마는 늘 바빴고 제가 필요로 할 때는 옆에 없었어요. 놀러 다닌 게 아니라 일하느라 고단하고 바빴으니까, 원망할 수도 없고 이해하려고 했어요.

부모님에게 뭘 더 바라야 할까요? 엄마와 친하게 지내고 속 이야기도 하는 다른 친구들이 부럽기도 했지만 그건 친구들의 이야기이고, 저는 이대로 살아야 한다고 생각했어요. 때로는 이건 좀 아닌 것 같다는 느낌이 있기는 했지만, 딱히 뭐가 문제라고 하기도 어렵고 제가 특별히 할 수 있는 건 없었어요."

연희 씨는 이 이야기를 하는 동안, 얼굴은 무표정한데 눈에서는 눈물이 흐르고 있었습니다. 지금 눈물이 흐르는데 어떤 기분이 드는지 물었더니, 연희 씨는 "아무런 느낌이 안 들고 울 상황이 아닌데 눈물이 나서 당황스러워요. 무슨 기분인지 모르겠어요. 이런 이야기를 안 하다가 해서 그런가, 나도 모르게 눈물이 나오네요. 이러고 싶지 않은데 죄송해요."라며 시선을 피했습니다.

연희 씨처럼 자신의 이야기를 하면서 눈물이 나올 때 그런 감정을 보인 것에 대해 부끄러워하고 죄송하다고 말하는 내담자가 꽤 있었습니다. 그런 순간에는 제 마음속에서도 안타까움이 밀려옵니다. 연희 씨는 어른이 되었지만, 뭐가 문제인지 모른 채 견뎌온 시간이 우울, 정서적 외로움, 공허함으로 현재 삶에 드러나고 있었습니다.

늘 무엇인가를
찾아 헤매는

우리는 부모가 주는 일관되고 적절한 반응과 정서적 공감, 발달에 필요한 조언들을 필수 연료로 하여 건강한 성인으로 성장합니다. 이런 정서 교류의 절대적인 양이 부족하면 표면은 어른으로 성장하더라도 내면은 뭔가 빠진 것처럼 비어 있고 늘 무엇인가를 찾아 헤매며 결핍감을 느끼는 성인으로 자라게 될 가능성이 큽니다.

자녀가 위기에 처한 순간 부모의 말과 행동이 자녀를 염려하는 좋은 의도에서 시작되었더라도, 정작 정서적으로는 외면하거나 비난해 상처를 주는 경우가 많습니다. 도움이 필요한 결정적 순간에 꼭 필요한 공감에 실패하는 것입니다.

우리 삶에는 예측할 수 없는 사건과 사고들이 늘 일어납니다. 그 속에서 강렬한 부정적인 감정을 경험하는 것 자체는 문제가 아닙니다. 감당하기 힘든 강력한 감정을 느낄 때 부모에게 자신이 느끼는 것을 표현하는 과정을 통해, 스스로 내면 경험을 들여다보고 자신에 대한 이해를 넓혀가는 것을 배울 수 있어야 합니다. 부모가 진심으로 내 이야기를 들어주고 위로와 공감해 주는 것을 통해 흥분과 불안에 휩싸여 있는 나의 상태를 안정시키고, 자신의 마음을 더욱 잘 조절할 수 있는 시간을 갖는 것이죠. 부모에게 답을 달라는 것이 아니라, 부모와 눈을 맞추고 이야기하는 과정에서 우리 스스로 답을 찾아가는 것입니다.

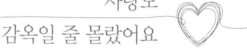

사랑도
감옥일 줄 몰랐어요

"부모님은 제가 원하는 것을 해주려 노력했고 그래서 딱히 부족함은 없이 자랐지만, 왠지 모르게 늘 마음이 편안하지 않았어요. 학교 다닐 때 애들하고 잘 어울리지 못하고 따돌림을 당했는데 이 사실을 집에 말하진 못했어요. 부모님은 내 감정을 알아주는 편이 아니었죠. 항상 당신이 옳다고 생각해서 다른 의견을 내면 무시하는 것으로 받아들이면서, 그럴 거면 연을 끊고 집을 나가라고 했어요.

대학에 가고부터 점점 더 집에 있으면 답답하고 숨이 막히는 느낌이 들었어요. 뜬금없이 죽고 싶고 우울감이 심해졌고요. 스스로 이상하다고 생각했죠. 그런데 공황장애가 와서 제가 힘들어할 때면 부모님은 온갖 걱정을 하며 완전히 다른 태도를 보여요. 웬만하면 저한테 다 맞춰주고 존중해 주죠. 그러다가 상태가 서서히 좋아져서 밖에 나가 사람들을 만나면 다시 통제하기 시작해요.

걱정이 많은 엄마는 잔소리가 끊이질 않고 작은 것부터 하나하나 다 간섭을 해요. 옷과 화장이 이상하다는 지적부터 그 친구는 별로이니 만나지 말라는 말까지, 하나부터 열까지 숨이 막힐 것 같아요. 어디를 가든 부모의 레이더망 안이니까요."

부모의 불안은
자녀에게도 독

완벽주의 경향이 있으며 자녀의 일거수일투족에 과도하게 관여하는 부모들에게는 가장 큰 공통점이 있습니다. 바로 불안입니다. 통제할 수 없는 상황에 대한 두려움이죠. 이들은 눈에 보이지 않는 정서적인 면보다는 구체적이고 눈에 보이는 결과나 성취에 초점을 두는 경향이 큽니다. 또한 자녀가 자신의 말을 따르고 기대하는 결과물을 내놓을 때만 안정감을 느끼죠. 칭찬과 관심도 아끼지 않습니다. 하지만 예측 불가능한 상황은 언제나 일어나기 마련이고, 자신이 최선이고 옳다고 확신하는 부모는 자녀와의 사이에서 갈등이 생길 수밖에 없습니다.

이런 부모는 대체로 자수성가한 경우가 많습니다. 다른 사람들을 못 미더워하고 틀렸다고 생각하는 경향이 크며, 자녀에게도 마찬가지입니다. 자신의 불안 때문에 자녀가 스스로 문제를 해결해 나가는 과정을 잘 기다려주지 못하죠. 자녀가 경험하는 어려움이나 갈등은 외면하고 쓸데없는 충고만 던집니다. 감정은 비이성적이라고 생각해 아이에게 공감해 주기보다는 눈에 보이는 문제를 빨리 해치우는 데에만 초점을 맞춥니다.

자녀는 결국 참고 견디는 과정을 배우기가 어렵습니다. 그 결과 자신의 선택을 신뢰하지 못하며 책임지는 힘을 기르지 못합니다. 부모가 사사건건 개입하는 것에 반항하고 달아나고 싶으면서도, 자신이 알아서 해야 한다는 두려움으로 인해 내적 갈등과 부모에 대한 심한 양가감정을 겪습니다.

나는 누구인지 그리고 내가 무엇을 원하는지보다는 내가 무엇을 해냈는지 결과물에 따라 자신의 가치가 결정된다고 생각하기도 합니다. 부모의 인정이나 칭찬을 거의 들어보지 못했기 때문에 자신에 대해서 결코 만족하지 못해, 대체로 자기 비하를 하거나 자존감이 낮지요. 성인이 되어도 부모와 건강하게 거리를 두고 개별적인 존재로 분리되는 과정에 어려움을 겪습니다.

시행착오도
필요한 순간들

《나는 내가 좋은 엄마인 줄 알았습니다》의 저자 앤절린 밀러는 자녀를 사랑한다면서 결국 망치는 엄마를 '인에이블러 엄마enabler mother'라고 이야기합니다. 이런 엄마는 자녀가 실수하거나 곤란한 상황에 놓일까 봐 노심초사하고, 먼저 대처방안을 제시하고 문제를 해결해 줍니다. 자녀를 사랑하고 헌신하는 엄마로 보일 수 있지만, 실상은 자녀가 끊임없이 엄마에게 의존하도록 만드는 결과를 낳지요. 통제할 수 없는 상황에 대한 부모 내면의 두려움 때문에 자녀의 시행착오를 기다려주지 못하는 것입니다. 게다가 안타깝게도 부모가 이를 의도한 것이 아니기에, 부모 자신은 문제를 전혀 알아차리지 못하는 경우가 많습니다.

원래 다 그렇게
크는 거 아니었나?

"어릴 적엔 다른 친구들도 다 저처럼 사는 줄 알았어요. 나중에 친구들과 부모님에 관해 이야기를 나누는데, 그중에는 저처럼 매 맞고 자란 아이가 없어서 깜짝 놀랐어요. 그때 약간 충격을 받은 것 같아요. 우리 부모가 저를 함부로 대했다는 것을 처음 깨달은 순간이었어요."

내담자들이 종종 하는 말입니다. 김희경의 책 《이상한 정상 가족》에도 이런 말이 나옵니다. "나는 선량한 많은 이들이 정상과 비정상 사이의 금을 매우 쉽게 긋는다는 걸 깨달았다. '정상 가족' 내에서 허용하는 체벌과 '비정상 가족'에서나 일어나는 학대, 두 가지는 서로 다르고 섞이지 않는다고들 생각한다. 마치 정상과 비정상이 매우 동떨어졌다고 생각하는 것처럼 말이다."

"학대는 내 가족의 일은 아니야." 하고 외면하기에는 일상 속에서 너무도 많이 일어나고 있는 것이 현실입니다. 제가 만나는 대다수 내담자가 어린 시절의 이런 고통이 아물지 못한 채 어른이 되어

버린 사람들입니다.

부모들은 가정에서 자녀를 위한다는 명목 아래 하는 훈육이 신체적·정서적 학대와는 별개라고 생각하는 경우가 많습니다. 학대하려는 생각에 의도적으로 한 행동이 아니기 때문입니다. 하지만 실제 가정에서 부모가 자녀에게 흔히 하는 말이나 태도 그리고 행동에는 신체적·정서적 학대로 볼 수 있는 경우가 심각할 정도로 많습니다. 대부분 부모는 자신이 어린 시절 부모 밑에서 자라온 방식대로 아이를 대한 것뿐인데 왜 이런 평가를 듣는 걸까요?

훈육이지,
그게 무슨 학대?

우리 부모 세대는 아동의 권리에 대해서 잘 배우지 못했습니다. 그러다 보니 많은 부모가 반복되는 체벌이 신체적 학대가 될 수 있고, 다정한 위로나 공감 같은 정서적 상호작용 없이 무시와 모욕과 비난이 반복되면 정서적 학대에 해당할 수 있다는 이야기를 잘 이해하지 못합니다. 도리어 "우리는 더 많이 맞고 자랐다. 그러고도 멀쩡하게 잘 자랐다. 요즘 애들은 너무 의지가 약하다."라고 이야기합니다. 그렇지만 누구나 이전에 경험해 보았다고 해서 폭력이 정당화되는 것은 아닙니다.

아동권리보장원의 2018년 아동학대 통계자료를 보면 가정 안에서 발생한 학대가 80.3퍼센트로 가장 높았고 학대 가해자는 부모가 76.9퍼센트를 차지했습니다. 학대의 종류를 보자면 정서적 학대가 23.8퍼센트로 가장 많았고, 신체적 학대가 14퍼센트, 방임이 10퍼센트, 성 학대가 3퍼센트 순이었습니다.

게다가 이러한 학대들은 중복적으로 일어납니다. 특히 정서적 학대가 그렇습니다. 자녀에게 폭력을 가하면서 동시에 정서적으로 학대하는 경우가 38퍼센트로 가장 높았습니다. 모든 학대에서 정서적 학대가 공통 요소일 수밖에 없는 것은 신체적 학대를 자행하는 부모가 자녀를 정서적으로 존중하고 공감해줄 리는 없기 때문입니다.

어른들 모두가 아이를 하나의 인격체로 존중해야 한다는 사실에 무지했고 아동학대에 대한 개념이 사회적으로 주요한 관심사가 된 지도 얼마 안 되었습니다. 1990년대까지도 신생아에게 마취 없이 수술하는 일이 종종 벌어졌고, 아이가 별다른 저항을 하지 않는 것은 고통에 둔감해서라고 생각했습니다. 신생아가 포경수술을 하는 동안, 또 수술 후에 스트레스와 고통을 경험한다는 생리적인 신호들을 포착했음에도 불구하고 의사 가운데 25퍼센트만이 마취제를 사용하여 포경수술을 했다는 놀라운 결과도 있습니다. 신생아는 고통을 잘 느끼지 못하거나 기억하지 못하리라고 생각한 것입니다.

1989년 유엔총회에서 유엔아동권리협약이 만장일치로 채택되었고 우리나라에서는 1991년에 비준되어, 아동학대 및 방임과 같은 아동 문제는 국가가 공식적으로 지원하는 문제가 되었습니다. 아동학대가 특별히 이상한 부모나 문제가 있는 가정에서만 일어나는 것이 아니라 보통의 평범한 가정에서도 일어나고 있음을 인정해야 하는 시기가 온 것입니다.

어린이의 품위를
지켜주는 어른

얼마 전 김소영의 책 《어린이라는 세계》를 읽었습니다. 다음 구절이 오래도록 마음에 남았습니다. "나는 어린이의 품위를 지켜주는 품위 있는 어른이 되고 싶다. 어린이 앞에서만 그러면 연기가 들통나기 쉬우니까 평소에도 그런 사람이 되고 싶다."

책을 읽으면서 어른으로서 또 부모로서, 어린아이를 바라보는 나의 마음을 들여다보았습니다. 까마득하게 느껴지지만 어린이로서 보낸 나의 시간들에 대해서도 잠시 떠올려 보았습니다. 우린 모두 어린이의 시간을 지나 어른이 되지요. 어른으로부터 품위를 존중받고 자란 아이들이 자라서 어른이 된 세상을 가만히 상상해 봅니다.

가족은 있지만
꼭 '고아 같은 느낌'

수진 씨는 대기업에 다니는 30세의 직장여성입니다. 경쟁이 치열해 스트레스가 많았지만, 무엇보다도 대기업에 다닌다는 자부심으로 버거운 일들을 견뎌냈고 부모님도 수진 씨를 자랑스럽게 생각했습니다.

그런데 직장 상사와 외근을 나갔다가 성추행을 당하는 일이 발생했습니다. 수진 씨는 그 당시 불쾌감을 표현했고 상사에게 사과를 받았습니다. 이후 아무렇지 않은 듯 지내보려고 했는데, 언제부터인가 상사를 보면 시선을 두기 어렵고 불안 반응이 일어났습니다. 출근 버스를 타려고 하면 배가 아프고 위경련이 생겼습니다. 밤이 되면 생각이 많아져서 잠이 오지 않았습니다.

그러던 중 어린 시절 먼 사촌에게 성추행을 당한 일이 떠올랐습니다. 오랜 시간 부모에게도 말하지 못하고 꽁꽁 눌러두었던 과거의 기억이 현재의 자극으로부터 촉발되어 그녀를 더욱 고통스럽게 한 것이었습니다.

수진 씨는 어렵사리 용기를 내서 부모님에게 직장을 옮겨야 할 것 같다고 말을 꺼냈습니다. 부모님은 이야기를 끝까지 듣지도 않고 화를 냈습니다. "정신 못 차리는 소리 한다. 그 좋은 직장을 그만두겠다고?" 이어 이렇게 달래기도 했습니다. "넌 잘 참고 넘어가는 편이니까 괜찮을 거야. 엄마는 널 믿어." 그런데 이 말을 듣자마자 수진 씨는 심한 공황발작을 일으켰습니다. 수진 씨는 응급실에 다녀왔고, 이후 저와 상담을 시작했지요.

수진 씨는 자신이 필요로 할 때 부모님은 무슨 일이 있는 건 아닌지, 요즘은 어떤지, 힘든 일은 없는지 한 번도 먼저 물어본 적이 없다는 사실을 깨달았다고 했습니다.

"인정받지 못하면 나라는 존재는 별 가치가 없는 사람이구나 하는 생각이 들었어요. 부모님은 있지만 정작 도움이 필요한 순간에 제 곁에 있어준 적이 없었어요. 혼자서 견뎌야 한다는 게, 가족은 있지만 내가 꼭 고아 같아요."

겉으로

보이지 않는 폭력

20대 중반의 미나 씨는 대학에는 갔지만, 사람들과의 관계에서 불안감이 크고 사람들이 자꾸 자신을 쳐다볼 것 같은 두려움이 심해서 밖에 나가지 못한 채로 집에서만 지냈습니다. 그러면서 점차 우울감이 심해지고 죽고 싶다는 생각이 많이 들었습니다. 집에 있으면서 계속 폭식하고 심지어 자해까지 하기 시작했습니다. 느끼고 싶지 않았던 과거의 기억들이 자꾸 올라오고 이 상태를 어떻게 대처해야 하는지 알 수 없었습니다. 부모에게 아무런 내색을 하지 않으려고 애썼지만, 가족에게 숨기기 어려울 정도로 불안정해졌습니다.

결국은 어느 날 부모님에게 이야기를 하나 꺼냈습니다. 어린 시절 할머니 댁에서 살 때 삼촌으로부터 성추행을 당했다는 고백이었습니다. 최근 삼촌이 결혼한다는 소식을 듣고 나서, 회피하고 눌러두었던 기억이 이제 감당할 수 없는 상황에 이른 것입니다. 그런데 부모의 첫마디는 미나 씨가 상상했던 말과 달랐습니다. "너 그거 진짜야? 혹시 꾸며낸 이야기 아니야?" 부모님은 미나 씨의 이야기를 의심하고, 이제는 지나간 옛날 일로 넘어가려 했습니다. 그런 부모님의 반응을 보면서 그녀의 내면에서는 엄청난 회오리가 일어나기 시작했습니다.

"치료를 받는 과정에서 어렸을 때 있었던 일은 저의 잘못이 아니라는 말을 듣고는 한편으로 혼란스러웠어요. 어릴 때 엄마는 늘 고단해서 제 감정에 관심을 기울일 여유가 없었고, 아빠는 아주 현실적이고 냉정한 사람이었어요. 그에 비하면 삼촌은 어린 시절 제 이야기를 귀 기울여 들어주고 저와 다정하게 놀아준 유일한 어른이었죠. 하지만 삼촌이 제게 한 짓은 끔찍한 짓이잖아요?"

부모님으로부터는 어떤 위로도 받지 못하고 삼촌을 부정하지도 긍정하지도 못하는 상태에서, 혼란을 겪는 자신을 자책하고 혐오하며 미나 씨의 자해 충동은 점점 더 심해졌습니다. 그런데 심지어 진실을 털어놓았을 때 비난까지 받았으니 그 상처가 얼마나 컸을까요?

돌 위로 매일매일
떨어지는 물방울

신체 학대나 성 학대는 누가 보아도 치명적인 상처로 기억에도 선명하게 남아 있습니다. 그래서 오히려 현재 고통의 원인을 명확하게 알아차릴 수 있고 부모를 탓할 수도 있습니다. 반면 부모로부터 비난, 모욕, 언어폭력, 혹은 정서적 지지와 공감을 받지 못한 정서적 학대는 신체 학대나 성 학대보다는 덜 심각한 문제라고 느껴집니다. 겉으로 보이는 것이 아니기에 많은 사람은 자신에게 어떤 흔적이 남아 있는지조차 알아차리지 못합니다.

정서적 학대에는 지속적인 언어폭력, 비난과 경멸, 과도하게 통제하고 지나친 요구를 하면서 자녀를 부모의 욕구대로 좌지우지하는 것, 과잉보호, 아이의 정서적 요구를 외면하고 무시하는 것들이 모두 포함됩니다. 미국 출신 작가인 루이즈 와이즈차일드Louise Wisechild는 정서적 학대를 이렇게 은유적으로 표현했습니다.

"정서적 학대는 돌 위로 매일매일 떨어지는 물방울과도 같다. 끊임없는 무시와 경멸, 조롱으로 인격은 서서히 부식되고 우울감이 남는다. 정서적 학대는 공기처럼 스며드는 날카로운 진동과도 같다. 눈에 보이는 직접적인 신체적 폭력이 아니어도 온몸으로 느낄 수 있다. 가해자는 연약하고 불쌍해 보일 수도 있지만, 여전히 잔인하고 악랄하다. 아동기의 정서적 학대는 우리가 성장하는 동안 우리의 몸과 정신을 황폐하게 만들고 나쁜 바이러스처럼 우리의 삶 전반에 확산된다."

부모가 내 이야기를 들어주지 않고 화를 내며 나를 귀찮아 한다고 느껴질 때, 아이는 절대적으로 의지해야 하는 부모가 나쁜 사람이 아니라 '내가 원래 나쁘게 태어나고 부족한 거야, 그러니 아무도 나를 좋아하지 않아.'라는 결론에 도달합니다. 이것을 늘 의식적으로 떠올린다기보다는, 자신에 대한 믿음으로 자연스럽게 스며듭니다. 학대하는 부모 밑에서 살아남아야 하는 아이의 일종의 생존 방식입니다. 매일매일 떨어지는 물방울이 바위를 뚫듯이 자녀의 뇌에 심각한 흔적이 남는 것입니다.

불쌍한 엄마를
내가 지켜줘야 해

초현실주의 화가 르네 마그리트의 〈기하학의 정신〉이라는 작품이 있습니다. 어른이 아기를 안고 있는 장면인데 그림을 가만히 들여다보면 뭔가 묘하게 이상한 느낌이 듭니다. 몸은 각각 어른과 아기의 것이 맞는데 얼굴은 엄마와 아이가 바뀌어 있거든요. 아이가 엄마를 안아주고 있는 것입니다. 화가는 어떤 마음으로 엄마와 아이의 관계를 표현한 것일까요?

그림을 보면서 머릿속에 떠오른 내담자가 있습니다. 대학생인 호석 씨는 언제부터인가 대인관계에서 점점 위축되고 우울감이 심해졌다며 휴학을 하고 저를 찾아왔습니다. 원래 자신은 활발한 성격이고 눈치가 빨라 사람들이 원하는 것을 잘 맞춰주는 편이라고 했습니다. 평소 이야기를 잘 들어주니 친구들도 호석 씨에게 자주 고민을 털어놓는다고요.

문제는 호석 씨 자신이 좀 기분이 안 좋거나 피곤해지면 사람을 만나기가 어려워진다는 것입니다. 호석 씨는 요즘 친구들에게 웃는 모습을 보일 자신이 없고, 무슨 말을 해야 하는지도 모르겠고, 자신이 원하는 것을 말하면 친구들이 부담스럽게 느끼지 않을까, 자신을 싫어하지 않을까 자꾸 두려운 마음이 든다고 했습니다. 정작 자신은 힘들 때마다 혼자 있다 보니 외로움만 커지고 아무렇지 않은 척하는 것조차 점점 엄두가 나지 않았습니다.

강박적으로
불안이 싹트다

뭐가 문제였을까요? 호석 씨는 미처 자신의 문제를 알아차리지 못했지만, 저는 그의 성장 과정을 들으면서 호석 씨가 경험하는 혼란이 충분히 이해되었습니다. 처음에 호석 씨는 "어릴 적 기억은 별로 없지만, 부모님 말씀 잘 듣고 어른들에게 걱정 끼치지 않고 잘 지냈던 거 같은데 갑자기 왜 이러는지 모르겠다."라고 했습니다. 그런데 하나둘 기억을 끄집어내니, 원인이 고스란히 드러났습니다.

호석 씨네는 어릴 적부터 아버지가 워낙 예민하고 화를 많이 내서 온 가족이 아버지 눈치를 보느라 살얼음판을 걷는 분위기였습니다. 부모님이 심하게 다투다가 아버지가 어머니를 폭행하면 어린 호석이는 어떻게 해서든 싸움을 말리려 애쓰면서, 울고 있는 어머니를 달래주었습니다. 부모님의 다툼을 중재하고 두 분의 기분을 풀어주는 것도 어린 호석이가 해야 할 일이었습니다. 호석이가 노력하면 신기하게도 화해가 잘 되고 집안이 편안해졌습니다.

엄마가 집을 비워도 혼자서 밥을 먹고 숙제도 알아서 했습니다. 늦게까지 엄마를 기다리다 지쳐 잠드는 날이 많았지만, 투정 한번 부리지 않았습니다. 언제나 엄마의 하소연을 들어주고 나면 "엄마는 그래도 아들밖에 없네, 그래서 엄마가 버틴다."라는 말을 들었고, 어린 호석이는 자신이 엄마에게 도움이 되는 것 같아 다행이라고 생각했습니다. 엄마는 안쓰럽고 약한 사람이니 자신이 더 잘해서 엄마를 보호해야겠다고 생각했습니다. 주변 어른들은 어린 호석이가 의젓하고 속이 깊다고 칭찬해 주었습니다.

하지만 어린 호석이의 일상이나 감정에 관해서 물어보거나, 말로 표현하지 못하는 것을 헤아려주는 어른은 없었습니다. 호석 씨는 겉으로 보기에는 혼자서도 알아서 잘하고 부모님 마음도 달래주고 별다른 말썽 없이 잘 지내는 것 같았지만, 마음 한편에는 불안이 자리 잡았고 끊임없이 자기검열을 하는 습관이 생겼습니다. 혼자 걱정하며 이상한 규칙을 반복하거나 자신만의 원칙을 만들어 고수하는 면들이 생겨났습니다. 강박적인 불안이 싹튼 것입니다.

호석 씨는 어린 시절 이야기를 하면서 매우 어색하다고 했습니다. 누군가를 도와주고 남의 이야기를 들어주는 데는 익숙한데 자신의 속 이야기를 하고 도움을 받아본 적은 거의 없다고 했지요. 본인마저 우울하고 무기력하면 엄마가 걱정할까 봐 한참을 고민하다가 상담을 받겠다고 어렵게 말을 꺼냈는데, 부모님이 깜짝 놀라

"뭐가 문제냐. 새삼스럽게 왜 그러냐."며 너무나 걱정해서 오히려 힘들다고 했습니다.

자신보다 더 힘든 사람들이 많은데 본인이 너무 나약해서 견디지 못하는 게 아닌가 하는 죄책감마저 든다고 했습니다. "이런 문제로 고민하는 사람도 있을까요? 심각한 건가요?" 호석 씨는 저에게 여러 차례 물었습니다.

'속 깊은 애어른' 이라는 말의 함정

앞에서도 설명했지만 아무런 이유가 없이 갑자기 불안해지고 우울감이 몰려오지는 않습니다. 이러한 증상들은 어른이 되어서 표면으로 드러나지만, 문제의 씨앗은 어린 시절부터 키워온 경우가 많습니다.

아이가 안정감을 느끼고 편안하려면 부모 자녀의 상호 관계 속에서 부모가 일관되고 지속적인 관심과 사랑을 보여줘야 합니다. 부모가 아이의 욕구나 정서적인 면에 귀 기울이지 않고 아이의 주요한 욕구를 채워주는 일을 소홀히 하면 아이는 부모의 사랑을 느끼기가 어려워집니다. 이러한 상황이 계속되면 아이는 부모의 관심을 조금이라도 더 받고 싶은 마음에 부모가 원하는 모습에 자신을 맞추려 시도합니다. 부모가 아이를 살피고 원하는 바를 채워주는 것이 아니라, 아이가 부모의 욕구를 살피고 이에 맞추려는 반응이 일어나는 것입니다.

어린 호석이는 투정을 부리고 심통을 내는 아이다운 모습은 저 멀리 어딘가에 눌러두고, 늘 부모의 상태를 살피면서 지냈을 것입니다. 아빠가 퇴근하고 집에 온 뒤 분위기가 어떤지, 오늘은 엄마의 기분이 좀 괜찮은지, 부모의 표정과 반응에 민감해지고 그들의 감정과 필요에 맞추는 태도를 익혔을 것입니다. 아이다운 생각과 호기심을 이야기하기보다 엄마의 말을 들어주었을 것입니다. 그래야 엄마의 관심을 조금이라도 얻을 수 있었을 테니까요.

성장 과정에서 '애어른 같다', '속 깊다', '속 안 썩이고 혼자서도 잘했다'와 같은 말은 어린아이에게 그리 좋은 말은 아닙니다. 아이는 아이다워야 합니다. 아이가 어른스럽다면, 그래야만 사랑과 관심을 받을 수 있었다면, 그건 어린아이다움을 어딘가에 밀어 넣어둘 수밖에 없는 상황에 부닥쳤다는 의미입니다. 한번 생각해 보세요. 속 깊고 어른스러워도 아이는 아이입니다. 부모가 어린 자녀에게 위로받을 수도 있겠지만, 어른은 그보다 몇 배는 더 많이 아이를 위로하고 보호해 줘야 하는 책임을 가지고 있습니다.

있는 그대로의 나를
좋아해 줄까?

정신과 의사 도널드 위니콧Donald Winnicott은 '거짓 자아False Self'라는 개념을 설명한 바 있습니다. 이는 아이가 부모와 상호작용하며 아이다움과 자신의 고유한 자아를 발달시켜 나가는 것이 아니라, 부모의 눈치를 살피고 부모의 기대에 부응하고자 애쓰는 자아의 부분을 더 발달시키는 것을 말합니다. 이때 아이는 가족 내에서 부모를 만족시키는 역할을 통해서만 자기의 안정감과 존재감을 느낍니다. 이와 같은 상황에 충실할수록 건강하고 독립적인 나만의 자아를 발달시키는 일은 당연히 어려워질 수밖에 없습니다.

호석 씨는 아마도 자신의 감정보다 다른 사람의 감정을 알아차리고 그에 맞춰주는 쪽이 더 편했고, 상대방이 좋아하면 자신도 기분이 좋아지고 편안하다고 느꼈을 것입니다. 그러다 보니 상대방의 눈치를 살피고 맞춰주는 부분은 발달했지만 정작 자신의 감정이나 원하는 바를 알아차려 적절하게 표현하고 조절하는 방법을 경험할 기회가 부족했던 것입니다. 그리고 결국 어린 호석이의 마음 한구석엔 무기력감과 우울감의 씨앗이 자리 잡았습니다.

"진짜 내 모습이 뭔지 모르겠고 연기를 하는 것 같아요. 남들이 진짜 내 모습을 알면 실망할 것 같아 두려워요. 내가 원하는 게 무엇인지 혼란스럽고 다른 사람과 함께할 때는 기분이 좋다가도 집에 오면 말할 수 없이 피곤하고 에너지가 고갈돼요."

부모에게서 다정함이나 친밀감을 충분히 경험하지 못한 사람들은 친구나 주변 사람들이 나를 좋아하고 지지해 줄 때 마음 한편에서는 이것을 잘 믿지 못하는 경우가 많습니다. 내가 뭔가를 제공하거나 기쁘게 해주지 않아도 있는 그대로의 나를 좋아해 줄 수 있다는 것을 마음속 깊은 곳에서 받아들이기가 어렵습니다. 이제까지 살아오면서 그런 경험을 한 적이 별로 없기 때문입니다. 내가 사랑을 받으려면 상대방을 우선순위에 두고 그에게 쓸모 있는 존재가 되어야 한다고 믿는 것이죠. 호석 씨와 같이 말입니다.

들여다보기

정서적 방치와 학대의 흔적

심리학자 린지 깁슨Lindsay Gibson은 부모가 자녀의 정서적 욕구를 채워주지 못했을 때 자녀가 경험했을 법한 고통에 대해서 다음과 같이 설명했습니다. 여러분도 모르는 사이에 상처로 남았을 수 있는 정서적 학대의 흔적을 한번 점검해 보세요.

- 부모가 내 말에 귀 기울여 준다는 느낌이 들지 않았다. 내가 원하는 관심을 거의 받지 못했다.
- 부모의 기분이 집안 전체에 영향을 미쳤고, 내 기분도 부모님의 기분에 좌지우지되었다.
- 부모는 내 감정을 잘 알아차리거나 반응을 보인 적이 별로 없다.
- 부모에게 부정적 감정을 표현하는 것은 좋지 않다고 느꼈고 표현할 수가 없었다.
- 부모가 말하지 않아도 부모의 기대를 알고 맞춰야 한다고 느꼈다.
- 부모를 기쁘게 하려 노력했지만 그건 너무도 어려운 일이었다.
- 부모가 나를 이해하려고 노력하기보다 내가 부모를 이해하려고 더 많이 노력했다.

- 부모에게 속마음을 털어놓거나 솔직하게 의사소통하는 게 힘들거나 불가능했다.
- 부모는 우리가 각자의 역할을 해야 하고 거기에서 벗어나면 안 된다고 생각했다.
- 부모는 내 의견을 무시하고 나를 함부로 대했다.
- 부모는 늘 내가 너무 예민하고 유별나다고 말했다.
- 부모는 형제자매간에 잘 지내도록 신경 써주지 않았고 한 자녀를 두드러지게 편애했다.
- 나는 죄책감과 수치심을 자주 느꼈고 종종 내가 어리석고 나쁜 아이라고 생각했다.
- 갈등이 생겼을 때 부모는 사과하거나 관계를 회복하려는 노력을 거의 하지 않았다.

지금 보니 어릴 때 나는
참 힘들었구나

20대 대학생인 정연 씨는 가족과 함께 〈요즘 육아 금쪽같은 내 새끼〉 프로그램을 보다가 깜짝 놀랐습니다. 엄마가 "그러고 보니 너희 어릴 때는 먹고사느라 너무 바쁜 데다가 잘 몰라서, 함부로 대하거나 그냥 내버려 둔 적이 많았던 것 같아. 지금 생각하니 미안하네." 하고 말했던 것입니다. 순간 눈물이 왈칵 나왔습니다. 정연 씨는 "이미 다 커버렸지만, 이제라도 어릴 적 마음을 알아주고 사과하는 말을 들으니 가슴에 박혀 있던 가시에 처음으로 온기가 전해지는 느낌이 들었어요."라고 말했습니다.

어린 시절 엄마는 정연 씨에게 너무 냉정하고 모질고 독한 말을 쏟아냈고 위로와 다정한 말은 해줄 줄 몰랐습니다. '난 태어나지 말았어야 했나. 그렇게 힘들다고 할 거면 왜 나를 낳아서 상처를 주나.' 정연 씨는 청소년 시절 그렇게 생각하며 지냈습니다. "그런데 어린 조카를 보면서는 할머니로서 엄마의 눈빛이나 태도가 완전히 다른 거예요. 그게 보기 좋으면서도……. 또 마음 한편에서는 이 사람이 우리 엄마가 맞나 배신감이 들고 억울함도 생겼어요. 그래서 이번에 엄마가 건넨 사과가 더 마음에 와닿은 거 같아요."

우리 마음은 그렇습니다. 가시가 아무리 깊고 아프게 박혀 있더라도 내 마음을 진심으로 알아주고 그 상처를 어루만져 주는 손길이 전해지면, 시간이 좀 걸려도 언제고 새살이 돋을 수 있는 그런 회복력을 가지고 있습니다.

얼마나 다행인지 모릅니다. 이러한 가능성이 우리에게 희망을 줍니다. 이 회복은 직접 부모에게 표현하고 사과를 받는 과정에서만 일어나는 것이 아닙니다. 이제 어른이 된 내가 자기 자신에 대해 좀 더 이해해 주고, 상처받아 위축되었던 어린 시절의 나에게 말을 걸어주는 것만으로도 회복과 성장은 시작될 수 있습니다. '지금 보니 내가 어릴 때 참 힘들었구나. 누구에게 말하지 못하고 외로웠겠구나. 내가 이상한 줄 알았는데 아무도 마음을 몰라주면 아이들은 그런 생각을 하는 거구나. 그래도 이만큼 성장한 것이 대견하다.'라고 말입니다.

새로운 시작

그 출발점

우리가 최초로 경험하는 타인은 부모입니다. 어린 시절 부모로부터 보호와 관심을 충분히 받지 못했거나 해결하지 못한 내면의 고통이 있다면, 성인으로 자라 부모가 되어서도 여전히 자신의 감정에만 빠져서 몰두하는 경우가 많습니다. 안타깝게도 자녀가 자신의 인생 이야기를 만들어가도록 도와주기보다 오히려 부모 자신의 인생 이야기를 완성하는 데 자녀로부터 도움을 받는 것입니다. 자녀가 부모의 충족되지 못한 내면 욕구를 채워주는 역할을 하지요.

지금까지 살펴본 어린 시절 정서적 학대의 여러 흔적을 부모는 기억하지 못하거나 인정하지 않을 수도 있습니다. 하지만 이제 성인으로서 나는 어린 시절 부모가 제대로 보살펴주지 못했다는 사실을 인정하고 받아들일 수 있습니다. 어린아이가 원했던 다정함과 관심을 비록 부모가 주지 못했더라도, 이제 어른이 된 나는 부모와 다르게 자신을 있는 그대로 바라봐야 합니다. 이것이 내 인생의 이야기를 써나가는 시작이 됩니다.

복합 트라우마: 어린 시절 지속적인 학대의 희생자

어린 시절 고통스러운 경험은 우리 몸과 마음에 침투해 성인기에 복합 외상후 스트레스 장애 증상을 만들 수 있습니다. ADHD, 우울증, 불안 장애, 공황장애, 양극성장애, 감정이 신체 증상으로 전환되는 신체화장애, 경계성 인격장애 등 다양한 진단을 받은 내담자들은 사실 어린 시절 부모로부터 지속적인 신체적·정서적 학대의 피해자인 경우가 많았습니다.

이런 상황에서 문제나 증상이 생겨난 이유를 이해하지 않고 무조건 드러나는 증상을 없애려고만 하면, 마치 두더지 게임에서 뿅망치로 한쪽 두더지 머리를 누르면 다른 쪽 두더지가 튀어나오고, 또 그것을 내리치면 다른 두더지 머리가 나오는 것과 같은 결과로 이어집니다. 다양한 문제와 증상은 원래 가지고 태어난 결함이 아니라 학대받은 아이가 살아남고 적응하는 과정에서 생겨난 것임을 인정하고 이해해야 합니다.

복합 외상후 스트레스 장애의 공통적인 증상

복합 외상후 스트레스 장애, 복합 트라우마라는 용어는《트라우마 Trauma and Recovery》의 저자인 주디스 허먼이 처음 사용했습니다. 아동기에 주 양육자로부터 광범위하고 지속적인 신체적·정서적 학대를 경험해 다양한 심리적·신체적 증상과 문제를 겪는 경우를 말합니다. 정신의학 분야의 교과서라고 할 수 있는 정신장애 진단 및 통계 편람The Diagnostic and Statistical Manual of Mental Disorders, DSM-5에 아직 정식 진단명으로 채택되지 않았지만, 트라우마를 다루는 임상가와 정신 건강 분야의 전문가들 사이에서는 이미 많이 통용되는 용어입니다.

'복합 외상후 스트레스 장애'와 '어린 시절 학대의 희생자'는 같은 말이라고 할 수 있습니다. 드러나는 정도는 다양하지만 많은 내담자에게서 확인한 공통적인 특징이 있습니다.

첫째, 만성적인 불안감과 외부 자극에 대한 민감성입니다. 기본적으로 마음속에 늘 불안감이 깔려 있고, 살면서 경험하는 예측하기 어려운 다양한 자극에 과도한 불안과 긴장감을 경험합니다. 혹은 우울하고 아무것도 할 수 없는 무기력감을 느낍니다. 갑작스럽게 감당하기 힘든 분노가 치밀어오르기도 합니다.

둘째, 자신을 비난하는 내면의 목소리입니다. 물론 자책하는 마음은 누구에게나 있는 자연스러운 현상입니다. 우리는 부족함을 확인하는 과정을 통해서 좀 더 나은 쪽으로 발전하는 동력을 얻습니다. 하지만 부모의 사랑을 얻고자 아무리 노력해도 인정받지 못하는 상황에서 아이는 '내가 못나서 그런 거야, 나는 아무짝에도 쓸모가 없어, 누가 나같은 사람을 좋아하겠어, 나는 정말 한심해.'와 같은 무수한 자기 비난의 목소리가 생기게 됩니다. 자신을 끊임없이 몰아세우며 아이로서는 감당하기 힘든 현실을 견뎌내는 것입니다.

셋째, 자신의 존재에 대한 강한 수치심입니다. 이때 '근본적으로 결함이 있는 존재'라는 혐오와 무가치감이 정체감의 많은 부분을 차지합니다. 부모에게 사랑받고자 두 팔 벌려 다가가지만 차가운 외면과 거절만이 반복된다면, 그때마다 아이의 내면에는 자기 존재가 거절당하는 비참함과 자기 혐오감이 새겨집니다.

넷째, 버림받는 것에 대한 막연한 공포입니다. 우리는 양육자와 연결되어 있다는 믿음이 필요한 존재입니다. 이를 바탕으로 성장하지요. 그런데 부모에게 돌아오는 반응에서 '나는 버겁고 달갑지 않은 성가신 존재'라고 느낀다면, 아이의 내면에는 혼자 남겨지는 것이나 버려지는 것에 대한 막연한 공포감이 자리 잡습니다. 이는 성인이 되어 다른 사람들과의 관계에서도 수시로 자극을 받습니다. 거절에 대한 두려움으로 과도하게 눈치를 보고 타인의 기분을 맞춰주기 위해 애쓰게 됩니다.

다섯째, 다양한 신체 증상과 통증입니다. 신체는 우리가 살아가는 근본 토양과 같습니다. 내 몸이 보내는 신호와 상태를 잘 살피고 이해하지 않고서는 안전하게 잘 살아가기란 사실 불가능합니다. 하지만 어린 시절 많은 고통을 경험한 사람들은 자신의 신체 감각이나 감정의 신호, 특히 통증에 매우 둔감한 경향이 있습니다.

여섯째, 대인관계에서의 불편함과 긴장감입니다. 이들은 기본적으로 다른 사람과 함께할 때 왠지 모르게 마음 한편이 편안하지 않다고 말합니다. 친밀한 관계를 원하면서도 막상 친밀한 관계란 무엇인지 잘 모르는 경우가 많죠. 사실 자신의 감정을 잘 모르니 타인과의 관계에서 늘 눈치를 보고 긴장을 하는 것입니다. 혹은 좋은 감정을 느끼면 이를 못

믿거나 사라질까 봐 불안해하고, 상대에게 집착합니다. 아니면 상처받을까 봐 스스로 고립을 선택하기도 합니다.

일곱 번째, 만성적인 공허함입니다. 어린 시절 힘든 시간을 보내온 그들은 대부분 열심히 살아가고자 무척 애를 씁니다. 그런데 긍정적인 의도를 넘어서서 끊임없이 뭔가를 해야 한다는 부담감과 긴장감을 지닌 경우가 많습니다. 설 틈 없이 바쁘게 지내지만, 마음속 우울과 불안 같은 부정적 감정을 외면하느라 불필요하게 에너지를 소모합니다. 그러다 보니 성취감이나 만족감을 충분히 느끼지도 못합니다.

여덟 번째, 성인으로서 자신을 보살피고 존중하는 데 어려움을 느낍니다. 보통 아이들은 부모가 자신을 바라봐주는 대로 자신을 바라봅니다. 즉, 부모가 나를 어떻게 대했는지가 자신을 바라보는 기본 틀에 큰 영향을 미칩니다. 어린 시절 방임과 트라우마를 경험한 사람들은 자신을 챙기고 존중하는 것에 익숙하지 않은 경우가 많습니다. 나를 사랑하고 보살피는 일에 대해서 누구도 잘 알려주거나 보여주지 않았기 때문입니다. 타인과 건강한 경계를 만들거나, 원하지 않는 것을 거절하고 나의 욕구를 중요시하는 방법을 몰라서 혼란을 느끼는 것입니다.

내가 받은 상처를 이해하고 인정한다는 것

이렇듯 진정한 편안함과 인간관계 속 안정감을 느끼지 못하고, 자신을 보살피며 존중하는 법을 배우지 못한 어른이 의외로 많습니다. 겉으로 보기에는 괜찮고 잘 살아가는 어른의 모습일지라도, 그들의 한편에는 고통과 공허함을 간직한 어른 아이^{adult child}가 존재하지요.

물론 어린 시절 부모로부터 학대를 당했다고 해서 모두가 다 성인기에 고통을 경험하는 것은 아닙니다. 누군가는 이 고통을 견뎌내고 앞으로 나아가는 자원으로 만들기도 합니다. 분명 이들에겐 자신의 이야기를 들어주고 본인이 사랑받을 만한 존재임을 느끼게 해준 사람이 단 한 명이라도 존재했을 것입니다. 그런 존재가 있을 때 역경을 이겨내고 앞으로 나아가는 회복탄력성을 발휘할 수 있음을 우리는 알고 있습니다.

이제라도 늦지 않았습니다. 과거의 부모와는 달리 나 자신을 있는 그대로 이해하고 존중해주려 시도해 보면 됩니다. 과거의 고통을 이해하고 인정한다는 것은 자신의 삶이 비참했음을 확인하라는 의미가 아닙니다. 부모가 얼마나 나에게 함부로 했는지 탓하자는 뜻도 아닙니다.

수많은 사람이 현재 고통을 겪고 있으면서도, 어린 시절을 되돌아보며 부모와의 관계에서 받은 상처를 들여다보기를 두려워합니다. 인정하고 싶어 하지도 않습니다. 하지만 진정한 치유는 어린 시절 부모와의 관계에서 상처가 비롯되었음을 스스로 받아들일 때 시작된다는 걸 많은 사례가 보여줍니다. "내가 이상한 게 아니고, 내 잘못이 아니었구나" 하고 깨달아야 한다는 뜻입니다. 부모를 비난하는 마음이 아니라, 내 삶의 진실을 그대로 바라봐주는 태도에서 우리는 제대로 출발할 수 있습니다.

어린 시절 상처를 그대로 가슴에 안고 자란 현재의 우리들은 어떤 문제를 겪을 수 있을까요? 저는 여기에 '고통의 흔적'이란 이름을 붙였습니다. 연애처럼 다른 사람과 긴밀한 관계를 맺는 게 어렵고, 일상에서 타인과의 관계에서 자꾸 눈치를 본다거나, 내 감정이 무엇인지 잘 모릅니다. 그러니 자연스럽게 나의 감정을 표현하기가 어렵습니다. 그리고 마음 속에서 나를 비난하고 비하하는 생각이 순식간에 덮쳐옵니다.

상처받은 줄 모르고 어른이 되었다

– 고통의 흔적을 들여다보다

왜 사람들과 관계 맺는 게 늘 어려울까?

고통의 흔적 1 : 애착 문제

우리는 살아가면서 크게 세 번 '애착'을 경험합니다. 태어나서 엄마와의 관계에서 처음 애착을 형성하고, 이후 성인이 되어 이성과의 친밀한 관계에서 경험하지요. 나머지는 부모가 되었을 때 자녀와의 관계에서 맺는 애착입니다. 애착과 관련된 많은 연구는 영아기에 엄마(주 양육자)와 맺었던 관계가 이성과의 친밀한 관계를 맺는 방식에도 결정적인 영향을 미친다는 것을 보여줍니다.

애착, 인생에서
처음 수행하는 과제

유숙 씨는 30대의 직장인입니다. 본인의 일에 만족하고 동료들과도 별다른 갈등 없이 지냅니다. 그런데 연애를 시작하면 일상의 모든 에너지가 남자친구에게 쏠리고 감정의 기복이 커져 괴롭습니다. 마치 또 다른 자신이 숨어 있다가 나타나는 것만 같습니다.

"저는 남자친구가 생기면 좀 힘이 들어요. 제가 심하게 집착을 하거든요. 남자친구가 갑자기 무표정이거나 말이 없어지면 '뭐가 기분이 안 좋은가?' '나한테 질렸나?' 하는 생각이 들어요. 남자친구 반응이 조금만 안 좋아도 저를 떠날까 봐 두렵고 불안해요. 연락이 안 되면 톡을 수십 개 보내고 죽고 싶다고 난리를 치죠. 남자친구가 다른 사람들과 만나거나 즐거운 시간을 보내면 이해할 수 없이 서운하고 화가 나요. 저도 왜 이러나 싶고 점점 자신이 없어지곤 해요. 그러다가 어느 시점이 되면 제가 괴로워서 그만 만나자고 해요. 그리고 또 매달려요. 혼자는 외로운데, 연애가 너무 힘들어요."

타인과 관계를 지속하는 데 어려움을 겪는 사람들이 있습니다. 안정되고 편안한 관계를 유지하는 일이 왜 그렇게 어려울까요? 새로운 사람을 만나도 어째서 늘 비슷하게 힘들고 계속 혼란을 겪을까요? 지금 만나는 사람이 아닌 다른 사람을 만나면 좀 더 안정되고 편안할까요? 그럼 이런 불안과 집착이 사라질까요? 사실 그렇지 않습니다.

관계에서 반복적으로 일어나는 고통이나 혼란은 자신의 내면에서 비롯하는 경우가 많습니다. 물론 본인에게 더 잘 맞고 안정감을 주는 대상이 있겠지만, 관계에서 갈등이 반복되고 고통이 지속된다면 먼저 자신의 내면을 둘러보는 것이 더 필요하다는 말입니다.

인생의 첫 과제,
엄마와의 애착

우리는 태어날 때부터 엄마와의 연결을 통해 안전을 추구하는 뇌 시스템을 갖고 태어납니다. 이는 생존을 위한 본능적인 욕구라 할 수 있습니다. 따라서 우리가 인생에서 처음으로 수행해야 하는 과제는 엄마와 애착 관계 형성입니다. 그래야 살아남을 수 있기에 어린 아기의 모든 관심은 엄마에게 쏠립니다. 엄마가 자신을 일관되고 안정되게 보살펴줄 때, 엄마 마음속에 내가 있다는 연결감이 생겨납니다. 이를 토대로 자신의 감정을 알게 되고, 다른 사람과 친밀하며 안정된 관계를 맺을 능력도 발달합니다.

애착에 대한 연구는 발달심리학자 메리 에인즈워스Mary Ainsworth가 엄마와 아이의 상호작용을 관찰한 것에서 시작했습니다. 초창기 연구는 생후 1년 된 영아들이 대상이었습니다. 한 살짜리 아기들을 엄마로부터 떨어뜨려 혼자 또는 낯선 사람과 함께 남겨두고, 그때 어떤 일이 일어나는지, 나중에 엄마가 되돌아왔을 때 어떻게 반응하는지를 살펴보았습니다. 이른바 '영아의 낯선 상황infant strange situation 실험'입니다. 한 살짜리 아기를 엄마로부터 떨어뜨리면 당연히 스트레스를 받으므로, 아기와 주 양육자와의 연결감을 보여주는 애착 시스템이 활성화되리라는 가정이었습니다. 이 실험에서 아기가 엄마와 분리되었다가 다시 만날 때 보여주는 반응을 통해 에인즈워스는 애착 패턴을 네 가지로 구분했습니다. 바로 안정 애착, 불안정 애착, 회피형 애착, 혼란형 애착입니다.

원하면서도
떠날까 믿지 못해

심리학자 수잔 존슨Susan. M. Johnson은 "나를 꼭 안아 달라."라고 말할 수 있는 애착 대상을 찾는 것은 유전자에 자리한 인간의 기본 욕구라고 표현했습니다. 그렇습니다. 슬프거나 기쁠 때 그리고 위로가 필요할 때 주저하지 않고 꼭 안아 달라고 표현할 수 있는 누군가가 애착의 대상일 겁니다. 지금 머릿속에 떠오르는 사람이 있고, 그 사람이 자신이 원할 때 언제든 다가갈 수 있고 받아줄 거라고 믿는 대상이라면 당신은 그와의 관계에서 안정 애착secure attachment을 경험하고 있다고 할 수 있습니다. 엄마일 수도 있고 연인 혹은 배우자, 아니면 친구일 수도 있습니다. 신체적으로나 정신적으로 건강하게 생존하기 위해 우리에겐 이런 정서적 애착 대상이 절대적으로 필요합니다.

반면 우리가 친밀한 관계를 안정적으로 잘 유지하는 것을 방해하는 요소는 무엇일까요? 앞에서 설명한 유숙 씨는 전형적인 불안정 애착ambivalent attachment의 예입니다. 그녀는 감정적으로 불안한 부모가 일관성 없이 반응한 환경에서 자랐을 가능성이 높습니다. 이들에게는 "나는 다른 사람의 애정이 필요하긴 하지만 아무도 믿을 수 없고 전적으로 의지할 수 없다"는 마음이 도사리고 있습니다. 사랑을 원하고 쉽게 관계를 맺으면서도 상대방이 떠날까 두려워하고 믿지 못합니다.

이들의 어린 시절 부모는 기분이 좋거나 편할 때 아기에게 반응을 보이며 웃어주다가도, 어떨 때는 아이의 애착 신호에 전혀 반응을 보이지 않았을 것입니다. 한마디로 일관성이 없습니다. 이런 불안정 애착을 형성한 사람들은 관계에서 늘 불안하고 집착하는 양상을 많이 보입니다. 상대방이 나를 좋아하는지 싫어하는지 늘 애정과 관심을 확인받고자 하는 애착 욕구가 과도하게 활성화되는 것입니다. 상대방이 기대와는 다른 반응을 보이거나 조금이라도 부정적인 반응을 보이면, 거절당했거나 버림받았다고 강하게 느낍니다. 자신이 바라는 것보다는 상대방이 바라는 바에 집중하고, 타인의 평가에 따라 자신의 가치를 매기는 경향이 매우 큽니다.

사랑 따위 필요 없어,
혼자서 견딜 거야!

연수 씨는 대학을 휴학하고 아르바이트를 하고 있는데, 한 가지 일을 안정적으로 지속하지 못합니다. 아르바이트를 구해 조금 나가다가 그만두고 다시 찾기를 반복하고 있습니다. 그녀는 늘 공허하고 만성적으로 죽고 싶다는 생각에 무엇에도 집중하기가 어렵고 대학에 다니기도 힘들었다고 했습니다. 사람을 원래 믿지 않고 관심이 없는데, 우연히 미팅 앱으로 만나서 술자리 후에 일회적으로 성관계를 갖다 보니 부담도 없고 좋았다고도 했습니다.

"연애하고 감정을 주고받는 일은 복잡하고 피곤해요. 그래서 사랑 없이 성관계만 갖는 쪽이 오히려 마음 편해요. 자꾸 더 만나자고 하면 제가 연락을 끊어요. 어차피 누구나 혼자잖아요? 전 아무도 안 믿어요. 이전에도 몇 번 연애 상대를 만나보았지만 별다른 감정도 없고 헤어져도 아무렇지도 않았어요. 오히려 제가 누군가에게 마음을 주고 의지하게 될까 봐 더 두려워요. 살면서 한 번도 누가 제 편이라고 느낀 적이 없어요." 그런데 이러면서도 마음 한편엔 점점 더 공허함이 커져서 혼란스럽다고 했습니다.

연수 씨 이야기를 들으면서 저는 그녀의 마음속 울부짖는 아이의 목소리가 들리는 듯했습니다. 사랑을 너무도 원하는데 한 번도 안정적으로 충족된 적이 없어서, 이제는 더 이상 상처받고 싶지 않으니 "나는 사랑 따위 필요 없어, 혼자가 좋아, 나 혼자 견딜 거야!" 하고 절규하는 목소리가 말입니다.

이것은 회피 애착avoidant attachment이라고 볼 수 있습니다. 이런 경우 어린 시절 부모는 아기의 신호에 믿을 만하고 민감하게 응답하지 않았으며, 심지어는 아기가 원하는 반응을 무시하거나 아기의 괴로움에 무관심한 때가 많았을 겁니다. 그러다 보면 점차 아기는 '엄마는 나에게 관심이 없네, 나를 달래주거나 다가오지 않으니, 엄마가 떠나든 돌아오든 신경 쓸 것 없지.' 하고 현실을 받아들입니다. 아기의 회피 행동은 관심을 보이지 않는 엄마와의 관계에 적응하면서 생겨난 결과입니다. 아기는 아무리 신호를 보내고 울어도 오지 않은 엄마로부터 자신을 보호하기 위해, 엄마를 향한 애착의 욕구를 최소화하는 것입니다. 엄마가 안전함을 주는 근원이 아니라고 생각하는 것이죠.

주된 양육자와 회피 애착을 형성한 사람들은 기본적으로 다른 사람과의 친밀감을 불편해하고 거리를 둔 인간관계를 선호합니다. 자신의 감정이나 속마음을 잘 드러내지 않으며, 다른 사람의 감정에도 큰 관심을 기울이지 않다 보니 그 사정이나 마음을 알아차리고 공감하는 데에 어려움을 느끼기도 합니다. 어떤 일에 적극적으로 참여하기보다 한 걸음 물러서는 경우가 많고 갈등을 회피하는 경향도 큽니다. 이들은 어린 시절 울어도 오지 않는 엄마로 인해, 세상에 믿을 만한 대상이 있다는 사실을 배우지 못했을 겁니다. 그래서 자신의 욕구와 감정을 눌러두고 무감각하게 만들어 스스로 보호하는 것입니다.

어떤 부모는 자녀를 부수적인 존재로 만듭니다. 책임감으로 최소한의 부모 역할은 하지만, 사실 어린아이에게도 개별적인 감정이나 욕구가 있다는 것을 자각하지 못하고 전혀 공감해 주지 못하는 것입니다. 그런 부모 밑에서 자란 아이는 성인이 되어 누군가가 자신을 좋아하고 호감을 표현할 때 상대를 잘 믿지 못합니다. 자신이 누군가로부터 존중받고 사랑받을 수 있는 존재임을 상상조차 못하는 것입니다. 깊은 내면에서는 받아보지 못한 진정한 사랑을 그토록 원하면서도 말입니다.

연애를 시작하면
다른 내가 나와요

"남자친구가 없던 적이 별로 없어요. 혼자면 외로워서 늘 누구를 만나요. 그런데 처음엔 저에게 관심을 보이고 제 이야기를 들어주니까 좋아서 만나는데, 이상하게 만남이 지속되면 상대방이 저를 무시하거나 거짓말을 하고 다른 여자를 만나요. 술 마시고 폭행할 때도 있어요. 이건 아니다 싶으면서도, 또 한편으론 벗어나지를 못하겠어요. 딱히 사랑받는 느낌도 없는데요. 친구들은 '왜 그런 남자를 만나느냐'고 하는데, 남자친구가 저를 함부로 대하고 무리한 것을 요구해도 거절하거나 화를 내지 못하고 관계를 유지해요. 이런 연애가 반복돼요. 뭔가 문제가 있는 것 같아요. 다른 사람이 보기에 괜찮은 남자가 저에게 잘해주면 전혀 마음이 끌리질 않아요."

일반 인구에서 혼란 애착disorganized attachment이 나타나는 비율은 15퍼센트 정도로 보이는데, 혼란 애착을 형성하는 사람들이 점점 늘어나는 추세입니다.

사랑을 주지만
공포도 주는 사람

　　　"제가 초등학교 때 부모님이 이혼하고 엄마와 둘이 살았어요. 엄마의 기분은 변동이 많았고 예측하기가 어려웠어요. 온갖 힘든 감정을 저에게 다 쏟아 붓곤 했죠. 엄마와 있을 때는 불안했고 엄마 기분을 살피느라 늘 눈치를 보았어요. 엄마는 외로워 여러 남자를 만났는데 누구하고도 안정적이지 않고 힘들었어요. 만나던 사람과 헤어질 때면 저더러 인생의 방해물이라고 폭언을 퍼부었죠.

　엄마가 자살 시도를 한 적도 있어요. 그러면서 저는 태어나지 말았어야 하는 짐스러운 존재라고 느꼈고 평생 죄책감을 갖고 엄마를 책임져야 한다고 생각했어요. 하지만 저도 죽고 싶었고 가끔 자해도 했어요. 사람들과 관계 맺기가 어려워서 뭘 하려고 해도 힘들어요." 앞서 연애가 너무 힘들다던 은지 씨의 이야기입니다.

　혼란 애착은 부모가 아기에게 최소한의 보살핌을 제공해 주기도 하지만 동시에 불안과 공포의 대상이기도 한 것입니다. 아이는 살아남기 위해 부모에게 다가갈 수밖에 없는데 그 부모가 폭력과 학대를 퍼붓는 존재라면, 혹은 아무런 반응을 보이지 않는 무기력한 부모라면 아이의 내면은 어떻게 될까요? 부모가 아무리 고통을 주는 대상이라도 아이에게 부모는 애정과 애착의 근원이라는 사실을 부인할 수는 없습니다. 아이는 부모에게 접근할지 회피할지 갈

등 속에서, 사랑을 원하면서도 공포를 느끼는 매우 혼란스럽고 복잡한 생각과 감정을 품고 자랄 가능성이 큽니다.

엄마와의 관계에서 혼란 애착을 형성한 사람은 다른 사람과 안정된 관계를 맺는 데 어려움을 느끼는 경우가 많습니다. 혼자 있으면 외롭고 허전한데 다른 사람과 함께 있어도 왠지 긴장되고 편하지 않으며 쉽게 상처받습니다. 사람을 잘 믿지 못하며 누군가 나에게 호의와 관심을 보여도 좋은 감정을 있는 그대로 받아들이지 못합니다. 뭔가 다른 의도가 있으며 자신의 본 모습을 알면 실망하고 떠날 거라고 생각해 불안해하고 거리를 두기도 합니다.

한편 지속되는 관계에서 상대방이 함부로 대하고 무시해도 스스로 보호하기 위해 자기주장을 하거나 건강한 경계를 만들지 못하며 고통을 참는 경우도 많습니다. 심지어 자신에게 다정하고 사랑을 주는 사람보다 함부로 하고 나의 불안을 자극하는 사람에게 끌리기도 합니다. 분노와 불안, 수치심과 같은 강렬한 감정을 어떻게 해야 할지 몰라 혼란을 겪습니다. 강박적이고 위험한 자기 파괴적 행동을 보이기도 하고, '경계선 인격장애' 진단을 받기도 합니다. 심한 경우 과도하게 불안정해지거나 무감각해지는 해리 경향을 보일 수도 있습니다. 몸은 어른이지만 두려움에 떨며 도움을 청하는 미처 다 자라지 못한 어린아이가 이들 마음속 깊은 곳에 있습니다. 어린 시절 정서적 방임이나 신체적 학대를 경험하면, 80퍼센트 이상이 혼란형 애착을 보인다는 결과가 있습니다.

애착을 이해하면

사랑을 알 수 있다

어린 시절 엄마와의 관계에서 형성되는 애착의 회로는 아이가 만들 수 있는 것이 아니었습니다. 건강한 성인으로 성장하는 데는 너무도 많은 변수가 작용하는데, 우리는 부모나 환경을 선택할 수 없고 아기는 어린 시절 자신이 양육되는 상황에 영향을 미칠 수 있는 힘이 거의 없죠.

하지만 이제 어른이 된 우리에게는 기회가 있습니다. 부모와의 관계에서 경험한 애착은 고정불변의 것이 아니기 때문입니다. 어린 시절 각인되어 대인관계에서 자동 반응하는 애착 회로를 이해하여, 안전하고 건강한 애착 관계를 새롭게 경험하고 만들어갈 수 있다는 것을 많은 연구 결과가 말해줍니다.

우리는 많은 정보를 토대로 어린 시절 부모와의 관계에서 생겨난 나의 애착 패턴을 이해하고 이 문제가 지금 나에게 어떻게 영향을 주는지 알 수 있습니다. 아이였을 때는 어쩔 수 없었지만, 이제 그로부터 독립해 변화를 시도할 수 있다는 것입니다. 그 기회의 문을 열려면 자신의 과거 경험을 되돌아보고 이해하고 받아들일 수 있어야 합니다. 그렇지 못하면, 혼란스럽게 깊이 각인되어 불안과 무기력을 불러일으키는 애착의 회로를 가장 소중한 사람과의 관계에서 반복할 가능성이 크기 때문입니다.

우리는 태어나서 죽을 때까지 나를 원하고 내가 누구인지 알고 싶어 하며 내가 사랑받고 있다고 느끼게 해줄 사람을 필요로 합니다. 나이가 들어도 그렇습니다. 그러니 누군가와 안정적인 애착을 맺고 그 관계를 잘 유지하기 위해 노력하는 과정은 평생에 걸친 의미 있는 일이 분명합니다. 나의 애착을 잘 이해하면 사랑을 확인하고자 몸부림치는 에너지를 덜 낭비할 수 있습니다. 훨씬 더 마음 편하게 사랑받을 수 있습니다.

"엄마가 딸인 나를 진정으로 사랑해 주는 방법을 몰랐는데 내가 어떻게 나를 사랑하는 방법을 알겠어요. 당연한 거겠죠. 이제 어른으로서 저를 사랑하는 방법을 배워나가고 싶어요." 은지 씨는 말합니다. 맞는 말입니다. 당신이 어린 시절 어떻게 달래고 사랑하는지 배우지 못한 채 어른이 되었더라도 이제부터라도 포기하지 말고 시작하면 됩니다. 이것은 평생에 걸쳐 서서히 변화하고 성장하는 과정이니까요.

자꾸 다른 사람의
눈치를 살피게 돼

대인관계에서 어려움을 느끼는 사람들은 보통 눈치를 너무 많이 봐서 힘들다고 호소하곤 합니다. 다른 사람의 눈치를 많이 살핀다는 의미는 무엇일까요? 지나치게 눈치를 보는 것은 어린 시절 정서적으로 충분히 공감과 지지를 받은 경험이 부족한 사람들이 타인과 함께할 때 적응하기 위해 발달시킨 생존 전략 중 하나일 수 있습니다.

이는 그들 나름으로 사람들과 연결되고 인정받고자 애쓰는 것입니다. 하지만 타인과 교류하고 공감하기보다는 상대가 자신을 어떻게 볼지 늘 예민하게 신경 쓰는 것이기도 합니다. 눈치가 있다면 당연히 사람들과의 관계에 도움이 되지만, 과도하게 눈치를 본다면 쉽게 지치고 힘들 뿐입니다.

내가 실수하거나
기분을 상하게 했나?

"두 살 위인 언니는 자주 말썽을 피웠어요. 저는 늘 부모님의 눈치를 살피고 언니처럼 되지 않아야 한다고 생각했어요. 부모님에게 인정받고 싶었지만 부모님은 뭘 칭찬해 주는 편은 아니었어요. 잘못하면 무섭게 욕을 먹고 혼이 났지만 잘한 것은 당연한 것으로 넘어갔어요.

학교 다닐 때 생각해 보면 어릴 적부터 눈치를 많이 봤어요. 친구들 사이에서도 애들 눈치를 살피고 조금만 분위기가 안 좋아도 '내가 실수했나, 기분을 상하게 했나.' 하고 늘 불안했어요. 한번은 대학 근처에서 자취할 때 갑자기 일어나려는데 몸이 꼼짝하질 않아서 119를 불렀는데, 제가 소방구급대원 눈치를 살피느라 제대로 말을 못하고 충분히 제 몸을 의지하지 못하는 걸 보고, 스스로 정말 심각하게 이상하다고 느낀 적이 있어요."

정희 씨는 집에서 하루도 마음 편할 새가 없이 눈치를 살피는 것이 습관이 되었다고 했습니다. 남의 집도 아닌데 왠지 낮에 누워 있으면 아빠가 한심하게 볼 것 같고, 사실 부모님이 직접 뭐라고 하지도 않는데 늘 걱정되었습니다. 하루는 심한 독감에 걸려서 하루 종일 집에 누워 있었는데, 그때 비록 몸은 아팠지만 아프니 누워 있어도 괜찮다는 생각에 오히려 마음은 편했다고 했습니다.

넌 왜 그렇게
눈치가 없어?

　　그런가 하면 이런 말을 많이 듣는 사람도 있습
니다. 희숙 씨는 어릴 적 엄마에게 "넌 왜 그렇게 눈치가 없냐?"는
말을 많이 들었다고 합니다.

　"똑같이 잘못을 해도 저는 늘 동생보다 더 맞았어요. 그때마다
엄마는 '넌 왜 그렇게 눈치가 없어서 매를 버니?'라고 했어요. 전
그게 무슨 말인지 알 수가 없었어요. 왜 그런지 알려주면 노력이라
도 했을 텐데. 아빠가 이유도 없이 화를 낼 때도 전 절대 그냥 빌고
싶지 않아서 하고 싶은 말은 다 했어요. 그때도 엄마는 저더러 눈
치가 없다고 했죠.

　엄마는 아빠를 말려주거나 혼나서 우는 저를 위로해 주는 것이
아니라, 저보고 왜 미련하게 아빠 성질을 알면서 눈치 없이 자꾸
자극하느냐고 했어요. 전 이해가 되지 않았고 너무 어려웠어요. 친
척들하고 이야기할 때도 궁금해서 물어보고 들은 말을 그냥 했을
뿐인데, 집으로 돌아와서 엄마는 그런 말을 친척들 있는 데에서 하
면 어떻게 하냐고 혼을 내고 화난 기분을 저에게 다 퍼부었어요.

　계속 그런 비난을 받으니 전 늘 눈치가 부족한 사람이라고 생각
하고 조심하려 노력했어요. 그런데 이상하게도 어른이 되고 보니
전 다른 사람들보다 눈치를 더 많이 보는 사람이 된 거예요. 저는
여전히 헷갈려요." 이렇게 말하는 희숙 씨를 바라보면서 그 어린아

이가 얼마나 혼란스러웠을까 많이 안쓰러웠습니다.

희숙 씨의 내면에는 심한 무기력과 불안이 있었고 청소년기가 되면서 학업 스트레스까지 더해져 다양한 불안 반응이 증상으로 표출되었습니다. 계획한 대로 일이 진행되지 않으면 참을 수 없이 화가 치밀어 올랐습니다. 물건들이 제자리에 없으면 짜증이 났고 수업시간에 글씨가 삐뚤어지는 것이 신경이 쓰여 글을 쓸 수 없기도 했습니다. 자신을 쳐다보는 것 같아서 다른 사람들과 눈을 마주치지 못하고 사람들을 피해 다니기도 했습니다.

눈치는 살아남기 위한
필사적인 노력

어린 시절 엄마와의 관계에서 정서적 연결감이 부족하고 적절한 공감을 받아본 경험이 부족하면 아이는 살아남기 위해 엄마와의 연결을 시도하고 엄마의 감정에 자신을 맞추려 필사적으로 노력합니다. 우리가 이야기하고 있는 애착과 관련하여 이야기하자면 나에게 가장 결정적 영향을 미치는 부모의 반응이 일관되지 않아 예측이 불가능한 것입니다. 이런 상황에서 아이는 부모의 감정과 요구를 빨리 알아차리는 것이 자신을 안전하게 하는 방법이라고 생각합니다. 부모의 얼굴 표정, 몸짓, 행동에 민감해지고 그것을 알아차리는 데 총력을 기울이죠. 물론 이것은 의식적인 아이의 노력이라기보다 거의 본능적인 자동 반응에 가깝습니다.

이렇게 부모의 감정에 맞추려 노력하다 보면 정작 아이는 자신의 내면 경험을 무시하고 회피하게 됩니다. 아이가 일상에서 경험하는 자신의 감정과 생각을 들여다보고 표현하는 데 써야 할 에너지를 외부의 대상인 부모를 살피는 데 쓰는 것입니다. 이런 식으로 다른 사람의 감정이나 상태를 살핌으로써 타인과 함께하는 방식을 배우는 것이죠. 이후에도 친구든 선생님이든, 주변의 다른 어른과 안정적으로 마음을 나눌 기회가 없었다면, 아이의 감정의 뇌는 발달하는 기회를 놓치고 자신의 감정은 외면하며 존중할 줄 모르는 어른으로 성장할 가능성이 커집니다.

이런 경우 대인관계에서 나타나는 양상이 있습니다. 겉으로 드러나는 한 가지는 남의 눈치를 과도하게 많이 보는 것입니다. 다른 사람과 어울릴 때 이상해 보이거나 소외되지 않으려면 상대방을 살피고 그의 욕구를 만족시켜 줘야 한다고 생각합니다. 어린 시절 안정감을 느끼기 위해 부모의 눈치를 살폈던 그때의 회로가 작동하는 것입니다. 타인과 함께하면서도 지속적으로 상대방의 욕구를 살피고 뭔가 마음에 안 들어 할까, 불편한 상황이 생길까 과도하게 신경씁니다. 상대방이 긍정적인 반응을 보여주면 나는 괜찮은 존재가 되고, 생각보다 반응이 좋지 않으면 순간 나는 부족하고 환영받지 못한 사람이 되어버립니다. 외부의 반응에 따라 나의 존재감이 좌지우지되는 것이지요.

그러다 보니 다른 사람들과 함께 있는 것이 즐겁기보다는 피곤하고 불필요하게 에너지가 소진되는 느낌을 많이 받습니다. 사람들의 눈치를 볼수록 안정감이 느껴지는 것이 아니라 왠지 점점 긴장되고 내가 없어지는 느낌을 받습니다. 하지만 다른 사람의 눈치를 살피지 않으면 어떻게 함께 있어야 하는지, 어떤 것이 편안하게 있는 것인지 이들은 잘 알지 못합니다.

지영 씨는 상담을 하며 이런 말을 한 적이 있습니다. 친한 언니를 오랜만에 만나서 이런저런 이야기를 나누면서 시간을 보내다가 잠시 이야기가 멈추었을 때 '언니가 이제 지루한가, 좀 피곤해서 가고 싶어 하는 것은 아닌가?' 하는 생각이 들었다고요. 그래서 이제 그만 가자고 말을 하려고 하는데 언니는 "여기 분위기 좋고 편안하다, 이렇게 이야기하니 좋네."라며 좀 더 있자고 말했다는 것입니다. 그 순간 지영 씨는 다행이라고 생각하면서도 의외의 반응이라고 느꼈다고 했습니다. 이처럼 이들은 상대방 눈치를 보지만 사실은 자기 안의 불편하고 긴장된 감정 때문에 상대방의 작은 신호를 거절로 받아들이거나 부정적인 쪽으로 왜곡해서 받아들이고 해석하는 경우가 많습니다. 눈치가 꼭 제대로 된 정보를 주는 것은 아니라는 말입니다.

자신의 감정을 외면하고 존중할 줄 모를 때 대인관계에서 나타날 수 있는 또 다른 양상은 상황 파악을 잘 못하고 부자연스럽게 행동하는 것입니다. 사람들 사이에서 소소하게 마찰을 자주 빚기도 하죠. 잘 지내보려 하고 나름대로 신경을 쓴다고는 하지만, 다른 사람과 어떻게 조화를 이루어야 하는지를 잘 모르는 것입니다. 나이답게 행동하지 못한다든가 혹은 상대방을 전혀 신경 쓰지 못하고 분위기에 맞지 않는 반응을 보인다든가 하는 식으로, 맥락에 맞게 자연스러운 상호작용을 할 줄 모르는 경우입니다.

저 사람이 나를
질려하지 않을까?

타인과 함께 어울리면서 눈치를 많이 보거나 눈치가 없다는 이야기를 듣는 사람들은 막상 자신의 감정은 잘 모르는 경우가 많습니다. 상대방 눈치를 살피고 맞춰주다 보면, 그가 원하는 것과 그의 감정을 살피느라 나의 것을 볼 여유가 없습니다. 애초부터 자신의 감정이나 욕구는 별로 중요하지가 않죠.

눈치 빠르게 상대방이 원하는 바에 따라주면 겉으로는 분위기가 좋아질지 몰라도, 사실은 상대방의 깊은 감정에 공감하지는 못해 더 어려운 상황이 될 수도 있습니다. 상대가 원하는 것과 내가 원하는 것을 서로 소통하고 조율하면서 함께 즐거움을 찾아나가는 상호작용이 일어나지 않는 것입니다.

어린 시절 아이가 부모의 눈치를 살피고 맞추려 해도 사랑과 안정감을 느끼기 어려웠던 것처럼, 눈치를 아무리 살펴도 대인관계에서 친밀감이나 편안함을 느끼기는 쉽지 않습니다. 오히려 눈치를 살피면 살필수록 더 피곤함과 불편함이 커져만 갑니다.

눈치가 빠르다는 것, 남의 눈치를 많이 보고 잘 맞춘다는 것이 인간관계에서 반드시 좋은 기술만은 아닙니다. 사실 눈치가 빠른 것과 타인에게 공감을 잘하는 것은 좀 다릅니다. 자신의 마음을 잘 알아차리지 못하면서, 타인의 마음을 제대로 알아주기란 어렵습니다. 자신의 감정과 욕구를 존중하고 적절하게 표현하는 능력이 발달되어야, 타인의 감정에도 진심으로 공감할 수 있는 것입니다.

사회생활 속 여러 상황에서 적절한 눈치가 발달하려면 우선 상황에 반응하는 나의 마음도 알아차려 주어야 합니다. 그러면서 타인의 반응도 잘 살펴 상황에 적절한 반응을 하는 것이죠. 거절당하거나 관계가 불편해지지는 않을지 전전긍긍하며 긴장하기보다는, 상대방을 먼저 배려할지 아니면 내 마음을 표현하고 내 생각을 주장해도 좋을지 상황에 맞게 적절한 선택을 하는 것입니다.

눈치의 사전 정의는 "일의 정황이나 남의 마음 따위를 상황으로부터 미루어 알아내는 힘"입니다. 이것이 발달하려면 어릴 적 엄마가 먼저 아이의 눈치를 살펴주고 물어봐 주어, 아이가 잘 알아차리지 못하는 감정을 엄마와의 상호작용 속에서 비춰볼 수 있어야 합니다. '눈치가 없다'는 말은 곧 자신의 감정을 잘 알지 못한다는 뜻이기도 한데, 이것은 애초 아이의 잘못이 아닙니다. 아이는 원래 어른 기준에서 보면 눈치가 없기 마련입니다. 그렇지 않나요? 그것이 어린아이다운 것이죠.

성장하는 과정에서도 아이가 혼자 적절한 눈치를 잘 발달시킬 수는 없습니다. 누군가 마음을 알아주고 도와주지 않으면 아이는 살아남기 위해 과하게 눈치를 살피거나 아니면 아예 무관심을 택해 자신을 보호합니다. 누군가와 함께하는 과정에서 내 감정을 자연스럽게 느끼고 표현할 수 있다면, 그리고 그것이 받아들여지든 아니든 서로 조율해서 각자 원하는 바를 충족하는 경험을 해보았다면, 과도하게 눈치를 보느라 신경이 곤두서 있을 필요가 없어집니다. 기본적으로 눈치를 많이 본다면, 그건 편안하지 않거나 안전하지 않아서일 가능성이 큰 것입니다.

내 감정과 욕구를
우선순위에 두는 것

대인관계에서 눈치를 많이 보는 사람들은 상담을 와서도 상담자의 눈치를 끊임없이 살피고 걱정하곤 합니다. "선생님이 좀 더 관심 갈 만한 이야기를 해야할 텐데, 이번 주엔 별다른 일 없이 잘 지냈어요. 지루해하시지 않을까 걱정이네요."라고 말하며 스스로 어색해하기도 합니다. 혹은 "늘 이렇게 힘들고 똑같은 이야기만 해서 선생님이 저를 질려하지 않을까 하는 마음도 들어요."라고 어렵게 주저하며 표현하기도 하죠.

상담 초기에 이러한 속마음을 저에게 드러내는 것만으로도 다행이고 긍정적인 신호입니다. 용기 내어 말로 꺼낸 자신의 마음을 상담자와 함께 이해해 가는 과정 자체가 새로운 경험이 되기 때문입니다. 누군가와 함께 있지만 내 마음에 먼저 귀를 기울이고 그것을 있는 그대로 표현해 보는 것, 그리고 그 과정을 통해 마음이 편안해지는 경험이 필요합니다. 내 감정과 생각을 표현해도 상대방에게 비난받거나 거절당하는 것이 아니라, 오히려 그것을 통해 있는 그대로의 나를 확인받고 존중할 수 있음을 배우는 것입니다.

"제 감정과 욕구를 우선순위에 두어도 괜찮다는 말이 충격이었어요. 사실 한 번도 그런 생각을 해본 적이 없었거든요." 많은 내담자들이 이런 반응을 보입니다. 그럴 때마다 저는 제안합니다. 상대방의 마음을 이해하고 공감하며 서로 잘 지내는 것도 분명 중요하지만, 먼저 내 감정을 우선순위에 두고 섬세하게 알아차려서 이해하려는 시도를 해보자고 말입니다.

사람들과 편하게 잘 지내기 위해서 지금의 내가 아닌 다른 성격을 가진 사람으로 바뀔 필요는 없습니다. 오히려 원래 타고난 나만의 빛깔과 고유한 모양을 찾고 더 선명하게 만들어가는 과정이 필요합니다. 누구나 그러한 과도기를 거치면서 자신을 찾아나가는 것입니다.

내 감정을 나도 몰라

고통의 흔적 2: 자기조절감 문제

"엄마에게 속 이야기를 해본 적이 없어요. 엄마가 제 이야기를 잘 들어준 기억도 없고요. 엄마 아빠가 왠지 불편하고 제가 혼자인 것 같다고 느꼈어요." 이렇게 말하는 사람들이 많습니다. 어른이 된 그들이 지금 감정을 표현하고 조절하는 능력은 어떤 상태일까요? 잘 작동하고 있는 것일까요?

나는 감정표현 불능증인가

소설 《아몬드》에는 감정표현 불능증Alexithymia 진단을 받은 주인공 윤재가 나옵니다. 이 소설을 통해 감정표현 불능증이라는 용어가 많이 알려졌지요. 사실 이것은 어린시절 학대와 트라우마를 경험한 내담자들에게서 많이 보이는 양상이라, 저는 오래전부터 관심을 두고 있었습니다. 감정표현 불능증은 1970년대 심리학자 피터 시프네오스Peter Sifneos가 소개했는데, 사전적 용어로는 '감정을 인식하거나 언어적으로 기술하는 데 어려움을 나타내는 상태'를 뜻합니다. 어원인 그리스어로는 '영혼을 설명하는 단어가 없다'는 뜻이라는데, 정말 와닿는 표현입니다. 감정표현 불능증이 나타나는 원인은 다양하겠지만 주요 원인 중 하나로 어린 시절 정서적 방치나 학대와 연관이 깊고, 불안장애·우울증·외상후 스트레스 장애 등 다양한 정신장애와 함께 나타날 수 있다고 보고되어 있습니다.

왜 눈물이 나는지
잘 모르겠다

실제로 부모가 자신의 감정을 잘 다룰 줄 모르면 자녀가 감정을 잘 다룰 줄 아는 어른으로는 성장하는 데 심각한 문제가 생길 수 있습니다. 부모 자신이 감정을 억압했다가 폭발하고 스스로 감정에 대한 통제감을 잃을까 두려움이 있다면, 대체로 자녀의 감정을 외면하고 무시합니다. 아이의 감정을 잘 읽지 못하니 아이의 요구를 제대로 들어주지 못하는 것입니다.

성장하면서 주변에 내 편이 되어주고 마음을 알아주는 단짝 친구나 선생님, 또는 할아버지와 할머니 같은 어른마저도 없었다면, 그 아이는 자기 내면의 감정 상태를 잘 감지하지 못하는 성인으로 성장하기 쉽습니다. 자신과 타인을 어떻게 이해해야 하는지 혼란을 겪는 것입니다. 내가 지금 느끼는 이 불편한 상태가 뭔지 잘 모르고 이것을 말로 표현하지도 못합니다. 내 속마음을 잘 모르겠고 눈물이 흘러도 왜 나오는지 모릅니다. 당연히 다른 사람의 감정도 잘 느끼지 못합니다.

이와 관련해 인상적인 실험 결과가 있습니다. 데이비드 허블 David H. Hubel 등에 의하면 갓 태어난 새끼 고양이 눈을 몇 주간 가려놓으면, 이후에 눈의 기능은 완벽한데도 앞을 보지 못한다고 합니다. 뇌의 시각 회로가 제대로 작동하려면 시각 경험이 꼭 필요한데, 눈을 가려 시각적 자극을 없애면 시신경이 눈에 보이는 영상과

거리 감각 사이의 중요한 연결고리를 만들지 못한다는 것입니다. 정상적으로 발달하는 데 꼭 필요한 자극이 부족하면, 그와 관련한 발달이 제대로 이루어지지 못한다는 것을 짐작할 수 있습니다.

이것은 우리 감정의 뇌가 발달하는 과정과도 연관하여 이해해 볼 수 있습니다. 아이는 감정의 뇌가 발달하고 애착이 형성되는 생후 2년의 시간 동안 엄마와의 상호작용에 절대적인 영향을 받습니다. 엄마가 아이의 신호를 읽고 전적으로 반응해 주는 과정이 매우 중요하지요. 이런 외부와의 상호작용이 없으면, 아이는 감정을 느끼고 그것을 자신의 것으로 만들어 표현할 언어를 갖지 못한 채 성장할 가능성이 큽니다. 이것은 감정표현 불능증 상태와 크게 다르지 않습니다. 감정을 느끼고 제대로 표현하는 능력은 몸이 자라나듯 시간이 지나면서 저절로 발달하는 것이 아니라, 다른 사람과 상호작용하고 조율하는 과정이 반드시 필요합니다. 아이의 내면에 공명하고 아이의 느낌을 말로 대신 표현해 주는 엄마의 능력이 아이에게 감정과 말을 연결할 수 있는 능력을 만들어주는 것입니다.

증상은 얼어붙은
감정들의 출구

직장에 다니는 선희 씨는 잘 지내다가도 갑자기 공황장애가 오고, 바쁘게 지내면서도 한편에선 죽고 싶은 생각이 들어서 힘들어합니다. 그녀는 자신의 내면 경험에 대해서 이렇게 말합니다. "늘 바쁜데 뭔가 불안한 마음이 있어요. 소화도 안 되고 어깨 근육이 늘 뭉쳐 있고요. 공황이 올 때는 너무 힘들어요. 그런데 화는 한 번도 내본 적이 없어요. 제가 생각해도 신기해요. 화가 날 상황에서 화가 전혀 안 나요. 아니 안 느껴져요. 친구들은 저보고 속을 알 수가 없다고 말해요. 그런데 저는 사람들에게 화는 안 내지만, 뭔가 아니다 싶을 때는 관계를 끊고 안 만나요. 그래서 중간이 없어요. 친구들은 저보고 감정이 특이하다며 좀 고장 난 것 같다고 말하기도 해요."

우리 내면에서는 마치 밀물과 썰물처럼 끊임없이 감정이 찾아왔다가 사라집니다. 지금 현재 안정적인 상태에 머물러 감정을 느낀다는 것은, 밀물과 썰물 같은 이런 내면 에너지의 흐름에 리듬을 맞추는 과정이 지속해서 일어난다는 뜻입니다. 그리고 이것을 누군가에게 표현하고 함께 나눌 수 있다면 출몰하는 감정을 밀물과 썰물이 오가듯 자연스럽게 흘려보낼 수 있습니다.

그런데 이러한 감정이 성장 과정에서 반복해서 외면당하면, 내 존재가 부정당하는 느낌을 지속해서 경험합니다. 점차 스스로도 자신의 감정을 외면하고 아무것도 느끼지 않으려 해보지만, 내면에서 이유가 있어서 자연스럽게 일어나는 흐름을 애써 막는 셈이니 당연히 문제가 생깁니다. 그야말로 쓰나미와 같은 강렬한 무언가가 일어나야만 비로소 반응하게 되는 것이죠.

선희 씨는 자신 내면의 억눌린 감정들이 올라오지 못하도록 늘 바쁘게 일하고 잠시도 틈을 주지 않았습니다. 그러다 보니 한편에선 너무 지치고 죽고 싶은 생각이 들었고, 화가 나거나 부정적인 감정이 올라오기 전에 억눌린 감정들의 출구가 신체 증상으로 나타났습니다. 바로 나의 감정을 제대로 느끼고 표현하는 것을 배우지 못한 채 얼어붙은 부분 때문입니다.

지킬 박사와 하이드 :
나인데 마치 내가 아닌 것 같아

A는 밖에서는 누가 보아도 사람 좋고 착실한 사람입니다. 그런데 가정에서는 아내를 폭행하고 자녀에겐 말로 담을 수 없는 폭언을 합니다. 그러고 나서는 자책하고 심하게 수치심을 느끼며 아내와 자녀에게 사과합니다. 아까는 내가 아니었던 것 같다고 말이죠. 하지만 아무리 마음을 굳게 먹어도 조절하지 못하고 상황은 자꾸만 반복됩니다.

전문직 여성인 B는 사회적으로 유능하고 직장동료들과 사이도 좋습니다. 그런데 연애만 시작하면 다른 사람으로 바뀝니다. 남자친구에게 과도하게 집착하고 조금이라도 서운한 상황이 벌어지면 참을 수 없이 화가 납니다. 남자친구의 일거수일투족을 알아야 합니다. 한번은 남자친구가 거짓말을 해서 그를 때리기도 했습니다. 평상시 그녀를 알던 사람들은 전혀 상상할 수 없는 모습이었고 B 자신도 이런 자신의 모습을 감당하기 어렵습니다.

대학생 C는 소외감이나 외로움을 느끼고 싶지 않아 모임이 있으면 마다하지 않고 참여합니다. 남자 동기나 선배가 호감을 보이고 다가오면 처음엔 그 느낌이 마냥 좋습니다. 이제까지 느껴보지 못한 사랑받는 느낌과 다정함에 쉽게 끌립니다. 술자리에서 중간에 일어서기가 어려워 늘 늦게까지 남았고 언제부터인가는 상대방이 원하면 누구든 거절하지 못하고 쉽게 성관계를 맺었습니다. 필름이 끊기는 블랙아웃을 경험하는 날도 많아, 다음날이 되면 친구들에게 자초지종을 듣고 지난밤의 어렴풋한 기억을 더듬으며 자신을 비하하고 심한 수치심으로 괴로워합니다. 다시는 그러지 않겠다고 다짐하지만 어느새 혼자라고 느껴지면 모임을 찾고, 낯선 남자들과 술을 마시는 일이 반복됩니다. 마치 자신 안에 다른 사람이 존재하는 것 같습니다.

탈출구가
없을 때의 탈출구

이들의 내면에서는 무슨 일이 일어나고 있는 것일까요? 의지가 부족한 것일까요, 타고난 성향에 뭔가 문제가 있는 것일까요? 아니면 가족이, 남자친구가 이들을 괴롭혀서일까요?

모두 아닙니다. 이들에게는 도움이 필요합니다. 내면에 오랜 시간 고통을 간직하고 억압된 부분이 있어, 의식이 잘 통합되지 못했다는 신호입니다. 일종의 해리dissociation 현상입니다. 나의 감정과 행동이 의지로 조절이 안 되는 느낌을 경험하는 것입니다. 정상적으로 일상의 삶을 잘 꾸려나가는 부분이 있지만, 의식하지 못하는 사이에 무엇인가 나를 자극하면 강렬한 감정이 치고 올라와 행동과 감정이 잘 통제되지 않습니다.

사실 이런 해리 증상은 정도의 차이가 있지만, 트라우마와 뗄 수 없는 관계를 맺고 있습니다. 해리 증상을 겪게 되면 자신을 통제할 수 없는 느낌이 들고, 잘 지내는 것 같으면서도 만족감이나 성취감이 생기기보다 늘 일상이 고단하고 쫓기는 느낌을 받습니다. 이런 증상들 대부분은 트라우마를 간직한 부분에 대한 회피 혹은 부인 반응과 관련된 경우가 많습니다.

해리 증상은 왜 생기는 걸까요? 심리학자 앨런 쇼어Allen Shore는 해리 증상을 '탈출구가 없을 때의 탈출구'라고 표현했습니다. 내가 경험하는 현실을 도저히 감당할 수 없고 의식에서 받아들일 수 없을 때, 그 경험이 의식 안으로 통합되지 못하고 의식 바깥 깊숙한 곳에 저장되는 것입니다. 개인마다 보이는 양상이나 정도는 매우 다양하고, 갑작스럽거나 일시적으로 혹은 서서히 진행되기도 합니다. 충격적인 사건을 경험하거나 심한 스트레스를 받아 해리 현상이 촉발되기도 합니다.

해리 증상의 발달은 트라우마 경험과 관련이 있다는 연구 결과는 매우 많습니다. 특히 조반니 리오티Giovanni Liotti는 성장 과정에서 해리 증상을 예견할 수 있는 요소를 두 가지로 설명했습니다. 첫 번째는 어린 시절 부모와의 관계에서 아이가 반복적으로 경험하는 불안과 공포입니다. 두 번째는 부모가 필요할 때 곁에 없거나, 부모와의 관계에서 정서적인 표현이나 반응, 긍정적인 지지가 절대적으로 부족할 때도 해리 증상이 생겨날 가능성이 큽니다.

특히 아동기 해리 증상을 유발하는 가장 강력한 요인 중 하나는 엄마가 화를 내거나 무섭게 하는 것보다 엄마와의 사이에서 긍정적인 정서 경험이 부재한 탓이라는 결과에도 주목할 필요가 있습니다. 아동기에 안전감을 느끼고 자기조절감이 발달하는 데는 부모로부터의 긍정적인 정서 반응이 절대적으로 필요합니다. 자녀의 말에 귀 기울여 주지 않는 것, 눈을 제대로 마주치지 않는 것, 인정과 칭찬과 같은 반응이 없는 것만으로도 해리 현상이 발달할 수 있는 중요한 조건이 됩니다.

내 안에 존재하는 '수많은 나'

우리의 인격에는 다양한 모습이 존재합니다. 겉으로 드러나는 모습만이 우리의 전부는 아닙니다. 우리 안에는 유치하고 어린아이 같은 자아의 부분도 있고, 아주 이성적이고 냉철한 부분도 있습니다. 이해심 있고 남을 배려하는 어른스러운 자아의 부분도 있다면 자신만의 특별한 취미를 가지고 있는 부분도 있습니다. 한편 불안해하고 위축된 모습도 있고, 자신을 비난하고 부끄러워하는 부분도 존재합니다. 누구나 이렇게 다양한 자아의 모습을 가지고 있습니다. 이런 관점으로 자신의 내면을 바라볼 때 우리는 훨씬 더 다양하고 깊게 자신을 이해할 수 있게 됩니다.

그런데 성장 과정에서 부모의 학대와 방임으로 인해 있는 그대로의 내 모습이 잘 받아들여지지 않고 내가 느끼는 감정을 표현하지 못한 채 참고 눌러둬야 하는 상황이 반복될 때, 충격적인 사건을 경험할 때, 우리 마음속에서는 더 복잡한 여러 자아가 생겨납니다. 특히 어린 시절 트라우마를 가지게 된 사람들은 대부분 불안과 공포, 극도의 무기력감을 간직하고 얼어붙은 자아를 가지고 있습니다. 자신에 대한 비난과 깊은 수치심, 표출되지 못한 강렬한 분노, 절대 원하지 않았던 부모의 폭력적인 모습, 충족되지 못한 애정 대한 갈망 등을 가진 자아들을 말입니다.

'내 안의 나'와
소통에 실패했을 때

내면 자아의 부분들은 생겨난 이유가 있고 나라는 사람의 전체 중 일부분입니다. 이것들이 모두 어떤 식으로든 서로 협력하고 소통할 수 있어야 우리는 현실에서 안정감을 느끼며 적응적으로 살아갈 수 있습니다. 나를 비난하는 소리가 들리고 수치심을 느껴도 또 다른 나의 부분들이 나를 격려하고 합리화하며, 적절하게 회피도 할 수 있도록 서로 협력한다면, 불안정한 행동으로 표현되기 전에 나는 안정감을 찾고 상황에 적절하게 반응해 대처할 수 있습니다.

하지만 화낼 상황이 아닌데 번번이 심하게 화를 내고, 편안하게 있어도 될 때 과도하게 긴장하고, 늘 이유 없이 불안하고 우울하다면, 끊임없이 자신을 비난하는 목소리가 있고 열심히 살아가면서도 한편에선 간혹 죽고 싶은 충동이 든다면, 이것은 뭔가 나의 내면 자아들 간에 소통이 잘 일어나지 않고 갈등이 심화되고 있다는 신호입니다. 남들이 보기에 겉으로는 괜찮아 보여도 늘 피곤하고 집중이 잘 안 되고 현재의 삶이 불만족스럽다고 느낄 수 있습니다. 점점 더 내 생각과 행동을 통제할 수 없는 느낌을 강하게 받습니다. 이러한 상태가 바로 내면에서 해리 현상(해리 증상)이 일어나고 있음을 보여주는 것입니다.

들여다보기

과거의 해결되지 못한 고통으로 내 자아의 여러 부분이 소통하지 못하고 있다는 신호는 몇 가지가 있습니다.

- 악몽을 자주 꾸고 과거의 일들이 플래시백으로 떠오른다.
- 트라우마 사건 기억을 떠올리려고 할 때 압도되는 감정을 경험한다.
- 생각, 행동, 감정이 통제되지 않고 따로 움직이는 느낌이다.
- 감정이나 신체 반응이 무디거나 무감각하다.
- 다양하고 모호한 신체 증상이나 통증, 내과나 의학적으로 별다른 이상이 없는데도 만성적으로 느끼는 통증이 있다.
- 어린 시절 대부분이나 중요한 일들이 거의 기억나지 않는다.

- 일상의 중요한 일이 잘 기억나지 않고 현실과 동떨어진 느낌을 자주 받는다.
- 자신이 내가 아닌 것 같고 마치 꿈을 꾸거나 연극을 하고 있는 것처럼 자주 느껴진다.
- 충동을 조절하기가 어렵다(자해, 폭식, 알콜 남용, 도벽 등).

위 목록 중에서 몇 가지가 반복적으로 나타나고 유지되는 것들이 있다면 무심히 넘기지 말고 자신을 한번 살펴보는 것이 필요합니다. 해리 증상의 가장 큰 목적은 내면의 고통을 회피하는 것입니다. 해리 증상이 유지되고 있다면 귀 기울여야 할 고통이 있다는 신호일 수 있습니다.

나쁜 감정은
없다

감정은 해결해야 하는 것이 아니라 느끼는 것입니다. 감정이 일어나고 이를 느끼는 것은 숨을 쉬는 일과도 같습니다. 느끼지 말아야 하는 나쁜 감정은 없습니다. 화가 나고 창피함을 느끼고 슬퍼지는 감정은 내 안에 이유가 있어서 생겨나는 것입니다. 그러니 감정에는 옳은지 그른지, 정답이 있을 수 없습니다.

항상 기분이 밝은 것도 자연스럽지는 않습니다. 좋은 감정만 느껴야 하는 것은 아니니까요. 오히려 늘 좋은 기분이려면, 뭔가를 회피하거나 억압해야 합니다. 내 감정을 있는 그대로 자연스럽게 알아차리고 느끼는 것과는 분명 다릅니다.

어떤 감정을 느끼든 내가 처한 상황이나 나만의 이유를 잘 들여다보고 그 경험을 받아들일 때, 우리는 그 감정에서 벗어나 다시 안정된 상태로 돌아올 수 있습니다. 그 감정을 내 것이 아닌 듯 회피하려 할수록, 오히려 쓰나미처럼 부지불식간에 덮쳐 나를 좌지우지할 수 있습니다.

절대로 울거나
화를 내선 안 돼!

화가 나거나 슬프거나 불안할 때 이런 감정을 표현했다가 오히려 혼이 나거나 더 불편해지는 경험을 하면, 우리는 본능적으로 표현하고 싶지 않아집니다. 감정을 무감각하게 만들고 느끼지 않으려는 노력이 어쩔 수 없이 최선의 대처가 되기도 합니다. 그렇게 내 감정을 다루다 보면 두려움, 불안, 창피함, 억울함, 분노와 같은 부정적 감정을 느끼는 이유가 뭔가 내게 문제가 있는 탓이라고 생각하게 됩니다. 절대로 화내거나 울거나 하지 말아야 하고 어떤 감정을 느껴서도 안 된다고 암묵적으로 자신에게 강요하지요. 그러다 보면 이 불편한 감정에서 어떻게 벗어나는지, 그 감정을 어떻게 다루어야 하는지 배우지 못합니다.

하지만 우리가 살아있는 한 이런 부정적인 감정도 때로는 견뎌야 하고 잘 표현할 줄도 알아야 합니다. 부정적인 감정을 완전히 피할 수는 없기 때문입니다. 의식하지 않으려고 애쓸 뿐이지 몸 안에는 고스란히 그 감정의 찌꺼기들이 쌓이기 마련입니다.

감정을 표현하는 것과
폭발하는 것

20대 후반의 민정 씨는 평소에는 엄마를 걱정하고 안쓰럽게 생각하기도 하고 서로 잘 지내기를 바라는 딸입니다. 그런데 어느 순간 엄마가 자신을 무시하고 너무나 마음을 몰라주는 것 같은 느낌이 들면, 자신도 모르게 흥분을 합니다. 엄마를 때릴 듯이 세게 밀친 적도 있습니다. 그러고 나면 참을 수 없는 수치심과 자책감이 몰려오지요. 민정 씨는 내면의 분노, 서운함, 불안감 등을 가능한 한 눌러두고 느끼지 않으려 하지만, 어느 순간 자신도 모르게 신경 줄이 끊어지듯이 폭발해버리곤 합니다. 그러면 내 선택과는 무관하게 태어난 것부터 시작해서 부모의 폭력으로 인한 마음의 상처와 엄마는 한 번도 제대로 미안하다고 말한 적 없다는 사실까지, 그동안 그렇게도 느끼지 않으려고 눌러두었던 원망과 울분이 쓰나미처럼 밀려옵니다.

이런 감정의 소용돌이에 휘말리면 누구라도 차분하게 자신의 마음을 표현하기가 어려울 것입니다. 그렇게 폭발하기 전에 내 안에서 일어나는 감정을 알아차리고 인정해 주고 제대로 표현할 수 있어야 합니다. 그러려면 무엇보다도 먼저 내 마음의 그런 부분을 인정해 주어야 합니다. 차마 말로 다하지 못할 원망과 분노의 감정이 내 안에 있을 수 있다는 사실을 말이죠. 몸은 다 자라 어른이 되었지만 '어떻게 그렇게 내 마음을 몰라줘' 하며 울부짖는 어린아이의 마음을 이해하고 받아주어야, 그 감정을 폭발시키지 않고 어른스럽게 잘 표현하는 것을 배울 수 있기 때문입니다.

화로 가득한 내면을 닫아두고 눌러두는 것은 결코 해결책이 아닙니다. 오히려 이제 더는 가둬둘 수 없는 내 안의 감정을 조금씩 들여다보아야 합니다. 그런데 이것은 혼자서는 어렵기도 합니다. 그동안 내 감정을 오랜 시간 억압하고 제대로 표현하지 못했기에, 그것을 직면했을 때 감당할 수 없이 터져 나올까 봐 두려운 마음도 함께 커져 있기 때문입니다.

내 감정에 진심으로 귀 기울여 주고 그럴 만하다고 인정해 주며, 그 감정을 소화해 가는 과정을 함께해 줄 누군가를 찾아봐도 좋겠습니다. '아, 이런 감정을 표현해도 괜찮구나, 다시 평온해질 수 있구나.' 하는 경험을 해볼 수 있도록 말입니다.

들여다보기

자신의 감정을 다루는 데 어려움을 느끼는 사람들은 다음과 같은 공통점이 있습니다. 여러분은 어떤가요? 한번 점검해 보세요.

- 자신의 감정을 무시하고 가볍게 여기는 경향이 있다.
- 감정을 이성적으로 생각하고 해결하려고 한다.
- 감정을 다른 사람들에게 들키지 않으려고 하거나 부정적 감정을 느끼지 않으려고 애쓴다.
- 화, 불안, 서운함과 같은 부정적인 감정을 느끼는 것은 내가 부족해서 그런 것이라고 여긴다.
- 화가 나거나 부정적 감정을 느끼면 그 감정이 걷잡을 수 없이 커져 통제하지 못할까 봐 두려워한다.
- 부정적 감정을 느낄 때 어떻게 해야 할지 모르고 표현해서 편안해진 경험이 거의 없다.
- 눈물을 보이는 것은 수치스러운 일이라고 생각한다.

화는 소소한 짜증부터 참을 수 없는 분노까지 매우 다양한 모습을 지닙니다. 화는 하나의 감정일 뿐, 위험하거나 나쁜 것이 아닙니다. 삶에서 피할 수 없는 감정 중 하나죠. 내 안에서 느껴지는 화를 적절한 순간에 잘 알아차리고 올바르게 표현할 수 있다면, 화는 나를 보호하는 중요한 역할을 해주기도 합니다.

부모로부터 받은 상처가 해결되지 못하고 억압되어 있을 때 이면에 있을 법한 대표적인 감정 중 하나가 강렬한 분노입니다. 분노가 자주 폭발하는 부모라면 아마도 그들의 어린 시절 화를 잘 표현하거나 적절하게 참는 것을 보여주는 좋은 모델이 없었을 가능성이 큽니다. 그런 부모를 보며 자란 자녀는 닮지 않겠다고 수없이 다짐하며 분노의 감정은 느끼지 말아야 한다는 왜곡된 생각을 갖고 최대한 부정하려 애쓰곤 합니다. 불편한 감정을 가능한 한 부인하고 최소화하려는 것입니다. 또는 이런 감정을 다른 사람에게 전가하여 그들을 탓하고 비난하며 자신을 보호하기도 합니다.

아버지를
때릴 수도 있다는 공포

한편 닮고 싶지 않은 부모의 폭력적이고 폭발하는 모습이 내 안에 들어와 자리 잡는 경우도 있습니다. 어린 시절 매일 보아오던 부모의 모습을 나도 모르게 닮는 것입니다. 물론 우리가 성장하면서 부모의 여러 측면을 무의식적으로 받아들이는 것은 자연스러운 현상입니다. 이것을 내재화라고 하는데, 이런 과정을 통해 우리는 사회생활에 필요한 가치, 규범, 약속들을 가정에서 배워나갑니다.

반면 부모와의 관계에서 학대와 혼란을 경험하는 아이들이 자신에게 상처를 주고 가해하는 부모의 행동과 가치를 내면으로 받아들이는 과정도 일어나는데, 이것을 병리적 내재화pathological introject라고 합니다. 아이는 부모의 파괴적이고 공격적인 모습을 자신도 모르게 내면화하면서 부모로부터 오는 불안과 두려움을 막아냅니다. 부모가 비난하고 모욕하려 할 때 자신을 먼저 비난하고 공격함으로써, 스스로 보호하는 것입니다. 하지만 이것은 극한 상황에서의 보호책이지 나를 진정으로 보호하는 것은 아닙니다.

20대 경석 씨는 차를 탈 때마다 소변이 마려워 실수하면 어쩌나 하는 불안과 강박적 염려가 있습니다. 그래서 긴 시간 차를 타야 하는 상황을 피하고, 어쩔 수 없이 그런 상황이 생기면 매우 긴장합니다. 그런데 상담을 통해 이해하게 된 그의 내면에는 오랜 시간 억눌린 분노가 있었습니다. 수시로 분노가 폭발하는 아버지에 대한 두려움, 어찌할 수 없는 무기력감, 억압된 분노의 감정도 컸지만, 무엇보다 이것을 의식으로 자각하기가 너무도 두려운 일이었을 겁니다. 화를 느끼면 분노가 터져 나와 아버지를 때려눕힐지도 모른다는 엄청난 공포가 경석 씨 안에 함께 자리 잡고 있었습니다.

이것을 의식으로 떠올려 이해하기까지도 시간이 필요했습니다. 어린 경석이는 아이로서 느낄 법한 화나 억울함을 한 번도 표현할 기회가 없었습니다. 그 오랜 시간 억압되었던 화의 감정이 의식으로 올라오는 것에 대한 공포가 '소변을 참지 못하면 어쩌지' 하는 불안과 연결되어 있었습니다. 경석 씨는 상담 과정에서 자신의 억눌린 분노의 감정을 안전하게 조금씩 들여다보기 시작했습니다. 나아가 그 감정과 그와 연관된 과거의 기억을 다루는 방법을 배우면서, 소변에 대한 강박적 불안으로부터 편안해질 수 있었습니다.

이처럼 내면의 억눌린 분노는 다양한 방식으로 드러나기도 하고 또한 분노의 감정에는 여러 요소가 연결된 경우도 많습니다. 수치심이 자극이 되어 화가 날 수도 있고, 두려움으로 화가 날 수도 있습니다. 또한 아무것도 할 수 없다는 극한의 무기력감이 들 때 화가 날 수도 있습니다. 표면으로 드러나는 분노의 감정 이면에는 이처럼 많은 것들이 들어있습니다. 그러니 일단 화가 느껴질 때 한 걸음 물러서서 바라볼 수 있다면 이 감정으로부터 나를 보호하고 이해하기 위한 많은 정보를 얻을 수도 있습니다.

무엇을 느낄지

선택할 수는 없지만

무엇을 느낄지 선택할 순 없지만 내 감정에 어떻게 반응하고 표현할 것인지는 우리가 선택할 수 있습니다. 다음 세 가지를 꼭 기억하면 좋겠습니다.

첫째, 감정은 외부와 상호작용하는 나만의 알람 장치와도 같습니다. 이것을 통해 내가 지금 어떤 상태인지를 알 수 있습니다.

둘째, 감정은 내가 무엇을 원하는지, 그것을 어떻게 얻을 수 있는지 알려줍니다. 외로움을 느낄 때 우리 마음은 누군가와 함께하고 싶어 할 수 있습니다. 이런 감정을 알아차렸다면 친구에게 전화를 걸거나 혼자 있기보다는 외출을 하는 등 나의 감정에 맞는 시도를 할 수 있습니다.

셋째, 감정은 일시적일 뿐 영원하지 않습니다. 이것을 깨닫지 못하면 우리는 감정을 통제하는 데 불필요한 에너지를 쓰게 됩니다. 흘러갈 감정을 힘들여 붙잡아 두고 불을 지피는 꼴입니다. 감정은 잘 느끼고 나면 흘러가기 마련입니다. 다음은 화가 났을 때 감정에 반응하는 방법이니, 참고해 보세요.

화가 났을 때, 나의 감정에 어떻게 반응할까

• 왜 그렇게 화가 났는지 한 걸음 물러서서 바라보세요. 이 간격이 중요한 이유는 그렇게 하지 않으면 강렬한 화의 감정과 함께 그것을 더욱 부채질하는 부정적인 생각의 홍수에 빠지기 때문입니다. 안타깝게도 이런 부정적인 생각들은 우리를 더욱더 절망스럽고 참을 수 없는 상황에 빠져들게 만듭니다.

그러니 한 걸음 물러서서, '지금 무슨 상황이지? 화가 나기 조금 전 나와 지금의 나는 어떻게 다르지? 무엇이 이토록 나를 자극한 거지?' 하고 호기심을 가지고 스스로 물어보는 것이 필요합니다. 표면은 거친 풍랑이 일어도 깊은 바닷속은 언제나 고요하듯이, 나의 내면은 거친 외면과는 별개로 안정되어 있다고 상상해 보는 것도 좋습니다. 그래야 일어난 상황을 파악하고, 나의 감정을 폭발하기보다는 제대로 표현하기 위한 상태로 나아갈 수 있습니다.

• 화가 날 때는 당연히 신체에서도 반응이 일어납니다. 이때 신체 반응을 면밀히 살펴보세요. 화가 나기 시작해서 불이 활활 타오르기 전에 좀 더 빨리 나의 상태를 알아차리고 잘 대처할 수 있는 기회가 생깁니다. 보통은 가장 먼저 심장 박동이 매우 빨라집니다. 그래서 화가 나서 당황하고 있다는 신호는 알 수 있습니다. 상대방을 의식해 아무렇지 않은 척해도 자신의 심장이 두근거리는 것은 분명히 느낄 수 있으니까요. 일단 내 심장이 빨리 뛴다는 것을 알아차렸다면 '내가 뭔가 스트레스를 받고 있구나. 지금 이 상황에서 좀 벗어나 보자.'라고 자신에게 이야기하며 내 상태가 좀 변화할 수 있도록 어떤 시도를 해보는 것이 도움이 됩니다. 이것은 회피와는 다릅니다. 내 안에서 무엇이 일어나는지 알고 대처하는 것이니까요. 가슴이 두근거리는 상태에선 문제를 해결하기 위한 어떤 방안도 잘 떠오르지 않기 때문입니다.

- 나에게 시간을 주는 것도 필요합니다. 화가 나도록 한 상황을 일단 잠시 벗어나는 것입니다. 물 한 잔 마시고 복식호흡을 하거나 천천히 숫자를 거꾸로 세어볼 수도 있습니다. 아니면 휴대폰에서 기분이 좋아지는 사진을 열어보는 것도 좋습니다. 누군가는 강아지와 함께한 동영상을 보면 어느새 마음이 안정된다고도 합니다. 밖으로 나가 걸을 수 있다면 가장 좋습니다. 어떤 말보다 일단 물리적 공간을 바꾸고 천천히 몸을 움직이는 것부터 시작하는 것이 좋습니다.

나를 비난하는 목소리가 멈추질 않아

고통의 흔적 3: 자기가치감 문제

나를 비난하는 말들은 우리 내면에 자리 잡아 자책하며 괴롭게 만들지만,

어느 순간 우리 마음속에서는 스스로 합리화하고 외부 탓으로 돌리면서

어려운 상황에서 벗어나기 위해 자신을 보호하는 작용도 일어납니다.

그런데 내면의 혹독한 자기 비난과 경멸의 소리가 멈추질 않아서 불안하

고 아무것도 제대로 할 수 없을 정도라면 어떨까요?

수치심과 자기 비하의
내면 회로가 만들어지는 과정

"어릴 적 집안은 늘 시끄러웠어요. 엄마는 시집살이로 힘들었고 아빠는 엄마를 전혀 위로하고 보호해 주지 않았어요. 첫째 딸인 저에게 엄마는 온갖 짜증과 화풀이를 퍼부었고, 제가 하는 것마다 못마땅하다며 소리를 질렀어요. 시끄럽다, 거치적거리니 저리 가라는 말은 예사였고, 기분 좋게 웃어도 할머니 닮아서 보기 싫다고 웃지 말라며 면박을 주었어요. 뭘 먹으면 그렇게 살찌고도 또 먹느냐고 핀잔을 주었죠. 제가 뚱뚱하고 굼떠서 애들이 얕잡아 보니 정신 차리라는 말을 늘 들었어요. 아무도 나를 좋아할 리 없으니 괜히 이용이나 당하지 말고, 누구한테도 속을 보이지 말라고요."

수미 씨의 말을 듣고 제가 물었습니다. "지금 직장에 다니는 어른인 수미 씨에게 여전히 엄마가 그런 말들을 하시나요?"

"지금 그런 말은 안 해요. 어릴 적엔 아무 말 못했지만 지금은 제가 발끈하고 대드니까요. 그런데 문제는 엄마가 하지 않아도 제가 스스로에게 계속 그런 비난을 하는 거예요. 엄마가 하듯이 말이죠. '난 부족하니까 누가 날 얕잡아 보지 않게 조심하자, 사람들이 알면 실망할 거야, 더 독하게 해보자, 이 멍청이……' 이런 말들이 끊임없이 나와요. 결국 엄마 말이 맞았구나 하는 생각이 들면서 제 자신이 한없이 부족하게 느껴지고 부끄러워요."

자기 비난의 목소리,
사실은 사랑받고 싶어서

아이는 부모로부터 있는 그대로의 존재만으로 관심을 받거나 환영받지 못하면, 부모에게 사랑과 관심을 얻기 위해 노력할 수밖에 없습니다. 그러면서 부모가 원하는 모습과 바람에 가까워지기 위한 내면의 목소리를 발달시키죠. '이러고 있다간 너 한 소리 들어. 정신 차려. 지금 이러고 있을 때야? 어쩌려고 그래. 그러다가 엄마한테 맞는다. 좀 더 열심히 하면 엄마 아빠가 좋아 할 거야, 조금만 더 하자.' 이렇게 내면에서 자신을 채근하는 목소리는 어떻게 해서든 부모님 마음에 들기 위한 노력에서 시작됩니다.

연지 씨는 어릴 때부터 엄마에게 칭찬받고 싶어 알아서 공부 계획을 세우고, 자신의 종아리를 자로 때리고, 스스로 벌을 줘가며 목표를 이루기 위해 노력한 어린 시절 기억을 이야기했습니다. 그러면서 '지금 조카를 보면 초등학교 갓 들어간 그 나이는 정말 어린데, 내가 어떻게 그렇게 했는지 모르겠다.'라고 울먹였습니다.

아무리 애써도 부모의 인정과 관심을 받지 못하면, 아이들은 부족한 자신을 감추고 가능한 한 부모의 마음에 들기 위해 점점 더 스스로 가혹하게 몰아세웁니다. 부모가 자신의 행동을 끊임없이 비난하고 무시하고 경멸해도 원망하고 탓하기보다 그럴 만하기 때문이라고 생각하며 노력합니다. 부모가 화를 주체하지 못하고 때려도 아이는 이것이 반복되면, 맞을 만해서 맞는 거라고 받아들이는 경우가 많습니다. 전적으로 의지하고 기대야 할 부모가 이상한 사람이라고는 생각할 수 없는 것입니다. '내가 조금만 더 예뻤더라면, 내가 좀 더 사랑스러웠더라면, 엄마 아빠도 기분이 좋아지고 안 그랬을지 몰라.'라고 자신을 탓하는 마음이 생기는 것입니다.

닮고 싶지 않았던
부모 목소리가 들려

오래전 EBS 부모 교육 영상 중 기억에 남는 것이 있습니다. 한 아이가 텔레비전 앞에서 광고를 보고 있습니다. 아이는 광고에 흠뻑 빠져 있죠. 그러다가 화면에서 광고 영상과 함께 잔소리와 비난의 말을 퍼붓는 부모의 얼굴이 겹쳐서 나옵니다.

이 영상은 우리가 방송에서 보는 1분 30초의 광고도 몇 번 보다 보면 기억에 새겨지는데, 아이가 성장하는 동안 매일 듣는 부모의 온갖 말들은 얼마나 강력하게 아이에게 영향을 미칠지를 부모에게 알려주고 있습니다.

그렇습니다. 부모는 자신의 말이 아이를 훈육하기 위해, 조금이라도 더 잘 되도록 이끌기 위해 하는 것이라고 생각합니다. 무수한 경멸과 모욕의 말을 자각하지 못한 채 내뱉고 나면 부모는 잊어버릴지 모르지만, 어린 시절 지속해서 부모로부터 들어온 인격 모독과 비난의 말들은 아이의 내면에 고스란히 박히게 됩니다. 어린아이는 부모가 하는 말이 자신을 위해서 하는 말들이라고 믿습니다. 이 말을 채찍질 삼아 부모의 마음에 들기 위해 아이 나름의 노력을 하지만, 부모의 사랑과 인정을 얻기란 좀처럼 어려워 보입니다.

성장 과정에서 부모가 전달한 온갖 부정적 메시지들은 아이의 내면에 깊이 새겨집니다. 자기 비하와 혐오의 신경회로가 만들어지는 것입니다. 이제 성인이 되어서 더 이상 비난과 경멸의 말을 듣지 않고 부모와 따로 떨어져 지내도, 이것은 스스로 무한 재생됩니다. 그리고 자신의 감정, 생각, 행동에 영향을 미칩니다. 모르는 사이에 부모로부터 들은 비난의 목소리가 원래 자신의 것처럼 정체성을 이루는 것입니다.

이제라도 나 자신에게 진실을 말해주어야 합니다. 어떤 아이도 이런 비난의 목소리를 타고나지 않습니다. 이건 나의 목소리가 아니고, 애초의 시작은 다름 아닌 나를 질책하고 비난하고 모욕을 주었던 부모의 목소리라는 것을 자신에게 말해주는 것이 필요합니다. 너무 오랜 세월 내면에서 함께해 오다 보니 그 말들이 곧 나인 것처럼 느껴지는 것이라고 말입니다.

자기 비난 목소리의
두 가지 숨은 역할

자기 비난의 목소리는 내면에서 수시로 무한 재생되고 지금의 나를 고통스럽게 하므로 얼른 없애고 싶겠지만, 그보다 이 목소리의 본질을 먼저 이해할 필요가 있습니다.

첫째는 앞에서도 이야기했듯이 이 자기 비난의 목소리는 어린 시절 나를 보호하고 다정하게 말해주지 않는 부모에게 사랑받고 인정받기 위해 생겨난 것임을 이해해야 합니다. 스스로를 채찍질해서 좀 더 나은 쪽으로 나아가도록 하고, 수치심과 버림받는 것에 대한 공포로부터 자신을 보호하기 위한 역할을 하고 있음을 말입니다. 이는 이제까지와는 좀 다르게 자신을 바라보자는 것입니다. 나 자신에게 보다 연민을 품고 친절한 시선으로 바라보려는 시도입니다.

하지만 자기를 비난하는 목소리의 영향력은 매우 파괴적이어서 안타깝게도 결과적으로는 본래 의도와는 달리 자기 비하의 거대한 급류에 휩쓸려 고통과 좌절 속으로 더 깊게 가라앉고 맙니다.

둘째는 불안과 공포로부터 보호하기 위한 경고의 알람이라는 것입니다. 누군가는 이렇게 말합니다. "뭔가 안 좋은 상황이 생기면 저도 모르게 '넌 그러다가 결국 다 실패하고 노숙자로 죽을 수도 있어. 그러다가 고독사로 혼자 죽을 거야. 정신 차려.' 이런 식의 말이 떠오르는데, 시간이 지나고 보면 왜 이런 생각을 했는지 저도 정말 이해가 안 될 정도예요." 이처럼 최악의 상황을 상기해 나를 자극하고 정신 차리도록 경고하는 역할을 하지요.

아마 자기 비난의 거센 목소리에서 한 걸음 벗어나 돌아보면, 정말 자신도 놀랄 만큼 최악과 극단의 말들에 놀랄 겁니다. 그런데 이런 비난의 말들이 재생될 때 가만히 보면, 자신이 지금 처한 상황과 별개로 늘 그렇듯 자동적인 반응인 경우가 많습니다. '네가 뭘 한다고 그래, 네가 잘할 수 있겠어? 괜히 창피당하는 거 아냐?' 뭐만 하려고 하면 이런 식의 생각이 떠오르는 거죠.

이런 소리들이 잠잠해지고 안정된 상태가 되고 나면 다음과 같은 목소리도 들을 수 있습니다. '뭔가를 시작하려는데 왜 스스로를 격려하지 못하고 이런 말만 하고 있지? 내가 생각해도 좀 이상한데? 만약 친구라도 이렇게 말을 해줄까?' 이처럼 내 안의 자기 비난 목소리에 동의하지 않는 내면의 다른 부분이 있다는 것도 알게 될 것입니다.

"이만하면 애썼어.
노력했으니 괜찮아."

　　　　　　내 안의 모든 자기 비난의 말들이 곧 나인 것은 아닙니다. 이런 목소리를 내는 나의 한 부분이 있을 뿐, 나의 존재 전부는 아닙니다. 이제까지 자기 비난과 혐오의 목소리를 어떻게 해서든 없애고 피하려고 했는데 쉽지 않았다면, 이제는 다른 방안이 필요합니다.

먼저 멈추지 않는 이 자기 비난의 목소리는 생겨난 이유가 있음을 이해할 필요가 있습니다. 반사적으로 떠오르는 이 비난의 말을 애초에 누구에게서 들은 것 같은지, 언제부터 생겼는지, 그리고 언제 주로 이 목소리가 커지는지, 나에게 무슨 역할을 해주고 있는지, 들여다봐야 합니다.

변화하고자 애쓰는 것도 나의 한 부분이고 나를 비난하는 목소리를 내는 것도 나의 한 부분입니다. 어린 시절부터 생겨난 자기 비난의 목소리가 나를 위해 애써준 것에 고마워하고, 이제는 어른으로서의 나에게 보다 도움이 될 수 있는 새로운 말을 찾아가 보자고 말을 걸어야 합니다. 자기 비난의 말 옆에 나를 위로하고 격려하는 말도 들어갈 공간을 만들어보자는 말입니다. 이전까지 들어보지 않은 말이라 어색할 수 있지만 자신에게 매일 이야기를 해줘보세요.

시간이 필요하겠지만 이제부터라도 자신을 다독여 가다 보면 내 안에 새로운 목소리가 생겼음을 깨닫게 될 것입니다. 그리고 이 목소리는 실제로 내가 뭔가를 더 잘 해내도록 도와줄 것입니다.

여러분 마음속에서도 울리고 있을지 모를 자기 비난의 목소리들은 이런 것입니다. 한번 점검해 보세요.

- 너는 아무짝에도 쓸모가 없어.
- 너는 게을러, 절대 성공하지 못할 거야.
- 너는 잘하는 게 없어, 정말 구제불능이야.
- 어차피 안 될 게 뻔해. 시도도 하지 마.
- 네가 하면 다 망쳐, 가만히 있어. 모든 게 다 네 탓이야. 다 너 때문이야.
- 남들이 내 진짜 모습을 알면 실망할 거야.
- 내 취향은 어리고 유치해, 남들이 비웃을까 두려워.
- 좋은 것을 받을 자격이 없어, 누가 나 같은 것을 존중해 주겠어.
- 나는 이미 망했어, 한참을 뒤쳐졌어.

지기 비난은 최악과 극단을 경고하는 말이기도 합니다. 다음과 같은 말들이지요.

- 상상할 수 있는 최악, 극한의 상황을 경고하는 말
- 부정적인 것에만 초점을 두고 비난하는 말
- 늘 응급 상황처럼 재촉하고 서두르라고 채찍질하는 말
- 뭔가 중요한 일이나 결정을 앞두고 좌절시키는 말
- 누군가 나에게 피해를 줄지도 모른다는 경고의 말

나를 비난하는 목소리도 나의 한 부분임을 인정하고, 이제는 어른으로서의 나에게 보다 도움이 될 수 있는 새로운 말들을 찾아 보세요.

- 나를 탓하고 비난하는 목소리는 실제 내가 그런 사람이라는 의미가 아니야. 그것이 곧 나는 아니야.

- 나를 비난하는 말들이 어린 시절에는 내가 뭔가 해내도록 도움도 되었어.
- 하지만 이제는 그렇게 비난하고 몰아세우면 너무 힘들어, 좀 다른 말이 필요해.
- 나는 작고 약했던 어린 시절보다는 힘이 생겼고 잘 대처할 수 있어.
- 이만하면 애썼어. 노력했으니 괜찮아. 이렇게 노력하는 것도 나야.

완벽주의는
가장 높은 수준의 자기학대

"이렇게 지내면 안 될 것 같아서 뭐라도 하려고 일자리를 찾아보지만, 막상 알바몬에 접수해서 이력서와 자기소개서를 쓰려고 마음을 먹으면 서류 기한을 자꾸 넘겨요. 게임을 하고 딴 짓을 하면서 미루고 시간을 보내요. 마음 한쪽에선 뭔가 해야 한다고 궁리하는데 또 한쪽에서는 '이제 뭘 한다고 그래, 그 정도로 준비해서 완벽하게 되겠어?'라며 의욕을 꺾어요. 미루고 미루다가 결국 아무것도 못해요. 이런 자신이 너무 싫어요. 아무것도 못하면서 완벽하려고 해요. 정말 이해가 안 되는데 원래 그랬어요. 제 자신이 이러니 부모님은 저를 더 한심하게 보시겠죠."

"제가 예전부터 하고 싶던 일인데 도와달라는 메일을 받았어요. 답을 보내야 하는데 뭔가 망설여져요. 기대에 맞게 완벽하게 잘 해낼 수 있을까, 실수해서 실망시키면 어쩌지, 메일에 답을 보내지 못하고 미루다가 늦게 보냈어요. 결국 그 자리는 다른 사람에게 갔어요. 제대로 하는 것이 없는 제 자신이 혐오스러워요. 그러면서 한편으론 다행이라는 생각도 들었어요. 완벽하게 할 자신이 없어서요. 그런데 이러다 보면 아무것도 되는 일이 없어요. 이 악순환을 어떻게 벗어나야 하는지 모르겠어요."

"중요한 과제를 다음 주까지 내야 해요. 아무리 해도 자신이 없고 끝도 없이 느껴져요. 선배에게 도움을 청하고 교수님에게 마감도 미뤄달라고 요청했어요. 그런데 깨어 있는 상태에서도 계속 졸고 기운이 없어서 또 자요. 어느새 미뤄둔 마감 날짜가 코앞이고 기한 내에 내기는 불가능해 보여요. 화가 나고 절망스러워요. 늘 뭔가를 시도하려 하지만 '네가 해봤자 소용없어, 완벽하게 하지 못하면 망신만 당할 테니 내지도 마.'라는 생각이 먼저 들어요."

거절과 수치심에서
나를 보호하는 법

위 이야기들은 우울과 불안이 있고 한편엔 완벽주의와 자신을 비난하는 목소리가 마음속에서 갈등을 일으키는 반복적인 양상을 보여줍니다. 자기 의지를 탓하며 스스로 벼랑으로 몰아가는 사람들이 의외로 많습니다. 이건 단순히 마음을 굳게 먹고, 의지를 다져야 하는 문제가 아닐 수 있습니다. 한번 생각해봐야 할 부분이 있는 것입니다.

사실 이들이 뭔가를 시도하려다가 회피하는 이유는 게으르거나 의지가 부족하거나 한심한 탓이 아닙니다. 겉으로는 아무것도 안하고 시간을 보내는 것 같지만 그렇지 않습니다. 끊임없는 자기 비난과 완벽주의의 악순환 속에서 사실 한시도 편하지 않습니다. 이들은 하루 종일 집에서 잠을 자고 게임을 해도, 휴식을 취하고 재충전한다는 느낌은 잘 받지 못합니다. 다른 사람들에게 부족한 모습을 보여 거절당하고 버림받는 두려움을 피하기 위해 움츠리고 있는 것입니다.

우울과 불안 뒤에 숨은 내면의 완벽주의가 하는 말에 귀 기울일수록 결국은 아무것도 할 수가 없게 됩니다. 마음 한편에선 뭔가를 시도해 보려 하지만, 오히려 실패할 가능성을 없애기 위해 그냥 지금 상태로 있는 것입니다. 결과적으로 아무 일도 일어나지 않도록 교묘하게 자신을 보호하는 셈입니다. 누군가에게 평가받는 것, 부족하다는 비난을 듣는 것, 받아들여지지 못하고 거절당하는 것, 부족한 결과를 내서 망신을 당하는 것과 같은 고통스러운 감정을 미리 차단하는 것이죠. 이것이 사실 완벽주의가 의도하는 바입니다. 제대로 완벽하게 해낼 것이 아니면 아예 시도조차 못 하도록 막아 수치심을 느낄 일이 없도록 자신을 보호하는 가장 강력한 방패인 것입니다.

한편 완벽주의는 책임감 있고 믿을 만하며 좋은 성과를 내는 모습으로 나타날 수도 있습니다. 하지만 이런 모습은 일관적으로 오래 지속되기 어렵습니다. 이들을 장기적으로 보면, 일을 잘 해내든 아니면 시작도 안 하든, 중간이 없고 과정이나 결과에서 기복이 심한 편입니다. 이들의 내면에는 완벽한 모습을 보여야 한다는 팽팽한 긴장감이 늘 존재합니다.

남들이 내 진짜 모습을
알면 실망할 거야

무언가를 위해 충실히 최선을 다하면 당연히 좋은 결과를 낳을 가능성이 높습니다. 그러나 최선을 다한다는 것과 완벽주의는 엄연히 다릅니다. 보통 완벽주의의 겉으로 보이는 모습에 믿을 만하다는 긍정적인 시선을 보내기도 하지만, 사실 그 내면엔 고통이 따릅니다. 누구도 완벽할 수가 없으니까요.

어린 시절 아무리 노력해도 칭찬과 관심이 돌아오지 않고 부모가 내가 원하는 다정함을 보여주기는커녕 예측할 수 없이 화를 내며 나를 비난하고 함부로 대할 때, 아이의 내면에서는 자신이 그런 푸대접을 받아도 싼 존재라고 스스로 탓하는 마음이 생겨납니다. 그래서 자신이 부족하고 잘못되었다는 그 수치심을 이겨내고 보상받기 위해 완벽해지려 애쓰는 것입니다. '어떻게 해서든 실수하지 않으려고 신경을 쓰면 다시는 창피당하지 않을 거야, 만일 좀 더 노력해서 똑똑해지면 결국 나를 인정하고 칭찬해 줄 거야, 그러면 나도 사랑받을 수 있어.'라고 말이죠.

하지만 이런 필사적인 시도 이면에는 '나는 사실 부족해, 남들이 내 진짜 모습을 알면 실망할 거야.'라는 자기 비난이 함께 자라고 있습니다. 안타깝게도 더 나은 아이가 되고자 아무리 필사적으로 발버둥을 쳐도 반복되는 좌절감을 느낄 수밖에 없습니다. 이처럼 자신에 대한 수치심과 완벽주의는 한 쌍이라고 할 수 있습니다.

완벽주의는
실패하기 마련이다

완벽주의는 실패하기 마련입니다. 부족한 자신을 감추고 수치심을 피하기 위해 아무리 잘하려 해도 여전히 그것으로는 충분하지 못하다고 여기며 만족하지 못할 것이기 때문입니다. 이것이 어린 시절 상처받은 아이의 내면에서 하나같이 생겨나는 자기 비난과 완벽주의의 회로입니다. 엄밀하게 말하자면 완벽주의는 좀 더 만족감을 느끼기 위해서가 아니라 내 부족함과 열등감을 감추기 위해 생겨난다고 봐야 할 것입니다.

모두가 알듯이 완벽주의는 노력하는 과정보다 결과에 초점을 둡니다. 실제 요구되는 것보다 훨씬 더 많은 시간과 에너지를 쏟게 만들죠. 하지만 자기 비난도 동반하므로, 사실 지속적으로 효율이 나기는 어렵습니다. 그러다 보니 이런 성향의 사람들은 마감 시간이 닥쳐서도 마무리를 하지 못하고 망했다는 심정으로 결과물을 제출하지 않거나, 습관적으로 늦게 제출하는 경향이 있습니다. 안정감을 얻기 위해 일어날 수 있는 모든 상황에 미리 대비하고 통제하지요. 늘 최악의 상황을 상상하고 과도하게 경계하며, 0이 아니면

100의 이분법적 사고와 가혹한 자기 비난이 늘 함께합니다. 하지만 여러분도 알다시피 완벽한 사람이 되기란 불가능한 일입니다.

완벽주의로 지친 이들은 성장 과정에서 애쓰고 노력하는 자신을 기다려주고 그 과정을 지지해 주는 이가 없었다고 말합니다. 결과가 어떻든 노력을 인정받고 칭찬을 들어본 경험이 별로 없는 경우가 많습니다. 안 좋은 결과를 내면 혼나거나 처벌받을 것이 무서워 혼자 고군분투하며 견뎌냈고, 어렵게 얻은 결과에 대해서도 만족감이나 성취감보다는 '그것밖에 못하느냐'는 죄책감과 수치심을 경험한 적이 많았습니다. 그러다 보니 제대로 완벽하게 해내지 않을 거면 시작도 하지 못하도록 완벽주의가 한층 더 강력한 목소리를 내게 된 것입니다.

나를 존중하고
타협하는 말

여러분이 자신 내면의 완벽주의를 알아차렸다면, 그것을 강화하기보다 타협하는 법을 배워야 합니다. 나 자신을 존중해 주고 안심시키는 말이 필요합니다. 그래야 내 삶의 에너지를 꼭 필요한 곳에 효율적으로 쓸 수가 있습니다.

완벽주의의 덫에 갇혀 고통스러워하는 이들과 이야기할 때면 저는 꼭 한 마디 말을 덧붙입니다. 자신을 존중하고 타협한다는 것은 이제까지 완벽하고자 노력해온 것들을 다 버리고 대충대충 적

당히 살아도 좋다는 뜻이 아니라고 말입니다. 삶을 대하는 태도에서 최선을 다하는 것과 완벽을 추구하는 것은 엄연히 다르다는 점을 강조하고 싶어서입니다.

완벽주의의 목소리가 여전히 당신의 귀에 들린다면 말해주세요. 지금 당신이 살아가는 상황은 어린 시절과 다릅니다. 어른인 나에게는 더 이상 부모가 비난하고 모욕을 주지 않습니다. 그때보다 몸도 커졌고 아는 것도 더 많아져서 할 말도 많습니다. 지금은 안 하면 혼날까 봐 두려워서 뭔가를 하는 것이 아니라, 내가 원하는 것과 필요로 하는 것을 스스로 선택해서 시도하는 것입니다.

지금 한번 주변을 둘러보세요. 나의 완벽주의는 어린 시절 내가 가장 힘들 때 생겨났고, 내 속에 그 무기력하고 약한 어린아이에게 하는 말입니다. 그건 과거의 일입니다. 지금은 그때보다 덜 무기력하고 좀 더 안전하며, 내가 원하는 것을 선택할 수 있음을 알려주세요. 지금 나는 어린 시절과는 다른 세상에 살고 있다는 것을 말입니다.

완벽주의를 설명한 가장 마음에 와 닿는 표현으로 마무리하겠습니다. "완벽주의는 가장 높은 수준의 자기 학대다." 앤 윌슨 셰프 Anne Wilson Schaef의 말입니다.

완벽주의의 덫에 갇혀 고통스럽다면, 아래의 말을 자신에게 해주는 것이
도움이 됩니다.

- 이제까지 애썼어. 그만하면 충분해. 잘했어.
- 좀 부족하다고 완전히 망치는 것은 아니야. 마무리를 하는 것이 더 중
  요하기도 해.
- 가장 중요한 것은 나 자신이야. 너무 몰아붙이지 말자.
- 너무 많이 생각하지 말고 우선순위를 정해서 일단 시작해 보자.
- 다른 사람도 완벽하지 않아. 네가 이상적인 좋은 부분만 보려는 거야.
- 차근차근 조금씩 시도해 보면 다른 것을 배울 수도 있어.
- 하다가 창피를 당할 것 같으면 그때 멈춰도 돼.
- 필요하면 도움을 청할 수도 있어.
- 너무 큰 목표를 세우지 말고 아주 작은 것부터 세워가면 별일 없을
  거야.
- 사람들은 내 생각만큼 내가 하는 일에 관심이 있지는 않아.
- 아무도 내 시험 점수에 신경 쓰지 않을 거야. 걱정하지 않아도 돼.

자기조절감은 어떻게 발달하는가?

어른이 되어서 자신의 감정을 잘 다스릴 줄 안다는 것은 어떤 의미일까요? 무엇을 어디까지 견뎌야 하고, 또 어떤 것은 참지 말고 표현해야 하는 걸까요? 내 감정을 잘 모를 때는 이 모든 것이 매우 혼란스럽게 느껴질 수 있습니다. 그다지 별일 아닌데 사소한 것에 자극이 되어 주체할 수 없이 화를 낸다거나, 어른스럽게 대처해야 할 때 자신도 모르게 눈물이 나오고 어린아이처럼 굴어서 심하게 자책하기도 합니다. 거절 의사를 표현해야 하는데, 분명하게 선을 잘 긋지 못해 오히려 돌이킬 수 없는 상처를 받기도 하죠. 딱 꼬집어 말하기 어려운 그때그때 감정을 알아서 다스리고 적절히 행동하는, 이러한 자기조절감은 어떻게 발달할까요?

우리는 태어나서 생후 초기 몇 년은 스스로 자신의 감정이나 몸에서 일어나는 불편감을 줄일 수 있는 능력이 거의 없습니다. 아기는 누워서 울 뿐입니다. 무언가 불편하고 잘못되었음을 울음으로 알리면 부모는 그 울음소리를 통해 아기가 배가 고픈지, 기저귀가 젖어 축축한지, 아니면 추운지, 뭔가에 놀랐는지, 잠투정인지를 알아차려 주어야 합니다. 대부분 부모는 아이에게 관심을 기울이고 있기에 아이의 울음소리와 몸짓을 통해 그 신호의 의미를 알아차리고 아이의 욕구를 충족해 줍니다. 그러면 부모를 통해 아이는 스트레스를 받은 불편한 상태에서 자신의 욕구가 적절하게 충족된 안정된 상태로 되돌아오는 것입니다. 이것이 우리가 스트레스 상태가 조절되고 다시 안정된 상태로 돌아오는 최초의 경험일 수 있습니다.

자기조절감은 일상의 순간순간에서 발달한다

우리는 특별한 사건을 통해서가 아니라 어린 시절 부모와의 일상 속 순간순간 상호작용을 통해 감정을 경험하고 조절하는 능력을 배워나 갑니다. 흔히 일어나는 상황을 한번 떠올려보면 나의 어린 시절 경험을 돌아보는 데 도움이 될 수 있을 것입니다.

자, 어린아이들이 놀이터에서 놀고 있습니다. 그런데 재미있게 놀다 가 넘어져서 무릎에 상처가 나고 피가 나서 집으로 돌아갑니다. 그때 의 경험을 통해 아이가 감정 조절을 배워나가는 과정을 함께 이해해 봅시다.

- 서희는 넘어져서 무릎에서 피가 나는 것을 보고 울면서 집으로 달려갑니다. 엄 마가 울면서 들어오는 지수를 보자 "어머, 서희야 다쳤구나, 괜찮니? 엄마한테 와봐, 어디 얼마나 다쳤는지 보자. 놀랐겠네. 우선 잘 씻고 약부터 바르자. 그럼 괜찮을 거야. 걱정하지 말고, 엄마가 안아 줄게." 서희는 엄마와 씻고 약을 바르 면서 점차 안정이 됩니다. 그러면서 곧 다시 나가 놀고 싶어집니다. 하지만 엄마 는 아직 상처가 안 나았으니 나을 때까지 시간이 필요하고, 오늘은 밖에 나가서 노는 것은 안 된다고 말해줍니다.

- 영희는 무릎에 상처가 나고 피가 흘러 집으로 갑니다. 엄마는 집안일을 하고 있었는데, 뭔가 바빠 보이고 고단해 보였습니다. 영희는 아무렇지도 않은 척하며 엄마가 피곤한데 다친 것을 말하면 걱정을 끼칠까 봐 말을 하지 않기로 합니다. 엄마는 집안일을 하느라 영희에게 무슨 일이 일어났는지 살피거나 알아차리지 못하고 얼른 씻고 숙제하라는 이야기만 합니다.

- 희정이는 무릎에서 피가 나니 놀라서 울면서 집으로 갑니다. 엄마는 울면서 들어오는 희정이를 보고 역시 너무 놀라고 당황한 얼굴로 피가 나는 무릎을 보며 어쩔 줄을 모릅니다. 상처를 씻어주고 약을 발라주면서도 지속적으로 짜증을 내며 놀란 엄마의 불안을 계속 표현합니다. "엄마가 조심하라고 몇 번을 말했어. 왜 엄마 말을 안 들어. 이러면 엄마가 불안해서 뭘 하겠니? 더 크게 다쳤으면 어쩔 뻔했어. 다음부터 또 그럴래, 안 그럴래. 앞으로 조심해, 알았어?" 희정이는 아픈데 엄마가 너무 걱정을 하니 자신이 뭔가 큰 잘못을 한 것 같아 마음이 안정되지 않습니다.

- 현지는 무릎에서 계속 피가 나자 겁에 질립니다. 집으로 가고는 있지만 자신이 잘못해서 다쳤으니 엄마에게 혼나거나 매를 맞을까 봐 무서운 마음이 가득합니다. 무서워하며 울고 있는 현지를 본 엄마는 조심 안 하고 다쳤으면서 뭘 잘했다고 우냐고 당장 그치라며 소리를 지릅니다. 아이는 놀라서 울음이 멈추지 않는데 엄마는 현지를 보고 "그만 울라고 했지, 뭘 잘했다고 울어. 맞아야 그치겠니?" 하고 더욱 크게 고함을 칩니다.

우리의 어린 시절은 어떤가요, 아마 이런 저런 경험이 섞여 있을 겁니다. 이런 순간순간의 경험들은 우리에게 일어난 상황을 파악하고 자신을 안정시키며 세상을 이해해 나가는 자기조절감에 무의식적인 패턴으로 자리를 잡습니다.

물론 여러분의 부모님이 위와 같은 네 경우의 반응을 모두 보여주었을 수도 있습니다. 당연히 그럴 것입니다. 그런데 우리 안에 무의식적으로 자리 잡아 자신을 살피고 감정을 다루는 방식은 부모가 어쩌다가 보여준 반응이 아니라 반복해서 보여준 행동과 태도를 통해 배운다는 점을 이해하는 것이 중요합니다.

지금 어른이 된 여러분의 내면엔 서희, 영희, 희정, 현지 중 어떤 아이의 경험들이 주로 들어 있을까요? 살아가면서 여러 문제에 부딪히고 내 안에서 힘든 감정들이 느껴질 때, 자신을 어떻게 다독이고 안정된 상태로 이끄는지 한번 살펴보세요.

저는 거의 대부분 성인 내담자들을 만나고 있는데, 그들이 난처하고 고통스러운 상황에 처했을 때 자신의 감정을 조절하는 방식이 어린 시절의 경험에서 크게 벗어나지 못한 것을 많이 봅니다. 누구는 너무 참는데, 누구는 수시로 감정 조절이 안 되고 폭발합니다. '다른 사람들은 자신을 안정시키고 더 기분이 좋아지도록 만들기 위해 어떻게 하나?' 이것이 우리가 나를 변화시키기 위한 시도를 하기 전에 먼저 물어보아야 하는 중요 질문입니다.

내가 좀 더 편안하고 행복감을 느끼는 상태가 어떤 것인지 알아야 우리는 그 방향을 향해 변화를 시도할 수 있습니다. 먼저 어떠한 판단도 없이 있는 그대로, 내가 감정을 느끼고 달래는 과정이 어떻게 발달해 왔는지 이해하는 것이 필요합니다. 어린 시절 부모가 나를 다뤘던 것과 비슷한 방식으로 나를 대하고 있나? 그것이 나는 마음에 들고 좋은가? 그렇게 나를 계속 다루어도 괜찮은가? 들여다보아야 합니다. 지금 나는 어른이므로 이제는 선택할 수 있습니다. 나의 감정을 알아차리고 나를 편안한 상태에 머물도록 하는 방법을 배우고 변화할 수 있습니다. 주의를 기울이고 에너지를 쏟으면 충분히 가능한 일입니다.

우리 부모는 왜 우리에게 트라우마를 안겨준 걸까요? 나도 알고 전문가도 아는, 내가 가진 이 상처를 부모는 왜 몰랐을까요? 이런 이야기를 하는 이유는 지금 나의 고통에 대해 부모를 원망하거나 혹은 모든 것을 부모 탓으로 돌리기 위해서가 아닙니다. 또 부모를 반드시 용서하라는 의미도 아닙니다. 다만 한 발자국 뒤로 물러나, 어린 시절의 나와 부모를, 지금 어른이 된 내가 다시 바라보고자 하는 것입니다.

4

엄마는 그때 왜 그랬을까?
- 내 부모를 한 걸음 물러서서 바라보기 위해

우리 엄마도 그땐
어린 나이였다

내 마음을 좀 더 편안하게 하고자 내 안의 경험을 들여다보기 시작했는데 때로는 더 복잡해지기도 하고 더 혼란스럽게 느껴지기도 합니다. 또 화가 나기도 하고, 자신에 대한 연민의 마음으로 슬픔이 느껴질 수도 있습니다. 그렇지만 어느 순간부터는 조금씩 자신에 대한 이해가 넓어지고, 지금의 나를 있게 한 어린 시절을 한 걸음 물러서서 바라볼 수 있는 마음의 여백이 생기기 시작할 것입니다.

문득 '우리 부모님은 나에게 왜 그랬을까?' 하는 생각이 들 수도 있습니다. 아직 정리된 생각은 아니지만 부모를 바라보는 시선에도 변화가 생길 수 있습니다. 어른이 된 내가 어린 시절 나를 좀 더 이해하고 내 부모도 다시 바라보게 되는 것인데, 이 변화는 부모와 건강한 마음의 경계를 만들고 독립해 나가는 중요한 시작입니다. 지금부터 다룰 4부의 내용이 부모에 대한 마음의 응어리를 풀어나가는 데 중요한 역할을 해주기를 바랍니다.

내가 엄마 나이가 되어
느끼게 된 것

여러분의 부모 세대에게는 친숙한 가수 양희은 씨가 오래전 방송에서 아버지 이야기를 하며 눈시울을 붉힌 적이 있습니다. 그녀는 어릴 적 가족을 버리고 집을 나가 버린 아버지가 용서되지 않았고 너무 미웠다고 했습니다. 마음속에 상처 입은 어린아이가 늘 있었다고 말했습니다.

그런데 그런 아버지가 39세에 돌아가셨는데, 자신이 아버지 나이쯤 되고 보니 아버지도 사실은 어린 나이였다는 것을 깨닫게 되었다고 말했습니다. 아버지를 조금은 이해하게 되었다고 말입니다. 그리고 지금까지 곁에 남아 있어준 엄마에 대한 고마움과 사랑을 표현했습니다. 저는 그 방송을 보면서 당시 부모의 나이를 지나 어른이 된 그녀가 한 걸음 물러서서 아버지를 이해하게 되기까지 얼마나 힘들었을까 싶어 마음이 뭉클해졌습니다.

이렇게 한 걸음 뒤로 물러나 부모를 다시 바라보는 것은 마음의 상처를 회복하고 변화하는 과정에 있는 내담자를 통해 종종 확인할 수 있습니다. 지연 씨는 20대 중반의 직장 여성입니다. 지연 씨는 오래 교제하고 있는 남자친구가 있는데 막상 결혼하는 것은 두려워했습니다. 누군가 내 편이 되어주는 것 같고 함께할 수 있다는 것이 좋으면서도 동시에 자신의 감정을 믿지 못합니다. 어린 시절 부모의 수많은 다툼과 갈등을 보아왔기에 자신도 부모처럼 살거나 그래서 결국 실패하게 될까 봐 확신이 없다고 했습니다. 내가 사랑을 제대로 알고 있는 것일까, 혹시 지긋지긋한 집에서 벗어나고 싶어서 결혼하려는 게 아닐까, 나도 불행해지면 어떡하나, 등 말할 수 없는 생각들로 힘들어하고 있었습니다. 그러던 어느 날 그녀가 자신의 어린 시절 상처를 다루는 과정에서 제게 이런 말을 했습니다.

"선생님, 상담을 받으면서 엄마와도 옛날 이야기를 하게 되었는데, 생각해보니 엄마가 저를 낳은 것이 스물네 살이었어요. 제가 지금 스물여덟 살이잖아요. 저는 결혼하는 것도 이렇게 두려운데 엄마는 저보다 어린 나이에 저를 낳고 길렀다고 생각하니 문득 엄마가 참 힘들었겠구나, 하는 생각이 들었어요. 그래서 엄마에게 물었죠. 저는 지금 결혼도 두려운데 엄마는 저를 어떻게 낳았냐고요. 그랬더니 엄마는 할머니, 할아버지가 너무 무서웠고, 자랄 때 많이 맞았다고 했어요. 어떻게 해서든 집에서 벗어나고 싶어서 아빠를 만나 집을 나왔다구요. 이제 자식을 낳아서 예쁘게 잘 키우고 싶었다고요. 저를 낳았을 때는 정말 행복했다고 했어요. 그런데 마음과 달리 먹고사는 것이 힘들고 어떻게 길러야 할지 몰라서, 사실 상처를 많이 준 것 같다고 하셨어요. 물론 한편에서는 여전히 화가 많이 나요. 왜 그렇게 저에게 화를 내고 엄마 같지 않고 애처럼 굴었나 야속해요. 하지만 이해도 되고 엄마도 참 안됐다는 생각이 들어요……."

부모가 되는 건
상상 이상의 도전

부모가 되고 자녀를 기르는 과정은 기본적으로 누구에게나 큰 도전입니다. 부모가 되기 이전에 삶에 별다른 굴곡이 없었고 안정감을 지녔던 성인도 부모가 되면 하루에도 몇 번이고 눈물을 쏟습니다. 감당하기 어려운 신체적 피로감과 정신적 어려움을 마주합니다. 아이는 부모로부터 절대적인 보살핌과 안정을 원하는 존재여서 수시로 욕구를 채워주고 달래줘야 하는 대상이기 때문입니다.

물론 모든 부모는 애정으로 자녀를 잘 키우고자 하는 마음을 가지고 있을 것입니다. 아이를 임신한 순간부터 엄마의 뇌와 몸에서는 아이를 사랑하고 보호하기 위한 화학적 변화가 일어납니다. 심각한 정신병적 상태에 있는 특수한 경우를 제외하고는 고의로 아이에게 해를 끼치고 상처를 줄 부모는 없습니다.

그렇다면 자녀에게 사랑을 주고 부모답게 행동할 줄 아는 부모와 자녀를 학대하고 정서적으로 무관심하며 방치하는 부모는 무엇이 다를까요? 이것은 사실 부모 자신의 잘못은 아닐 겁니다. 시작은 아마 부모의 어린 시절부터일 것입니다.

아이를 건강하게 양육할 수 있는
뇌의 바탕

인간은 포유동물입니다. 포유류가 파충류와 다른 점은 자녀 양육을 하는 데 있어 기본적으로 '감정의 뇌'라고 불리는 변연계가 주요한 역할을 한다는 겁니다. 정서적 공감이나 감정 조절을 가능하게 하는 매우 주요한 영역이지요. 또 '사랑의 호르몬'이라 불리는 옥시토신oxytocin과 바소프레신vasopressin과 같은 뇌의 화학물질을 분비해 부모가 자녀를 사랑하고 보살피게 합니다.

이처럼 부모가 자녀를 양육하는 핵심은 변연계를 중심으로 한 정서적인 과정으로, 우리의 몸과 밀접하게 연결되어 있습니다. 부모가 책임감과 의무감, 이성적인 노력 등으로 자녀를 양육하는 것 같지만 실제로 자녀를 온전하고 건강하게 키워내는 데에는 뇌의 정서적인 부분이 훨씬 더 많이 작동하는 것입니다.

다미주신경이론을 제창한 스티븐 포지스Stephen Porges는 "부모가 되어 자녀를 기른다는 것은 부모 내면의 어린 시절부터 발달되어 온 자기조절 시스템, 즉 부모의 내적 마음 상태를 잘 조절해 가는 과정이다."라고 말했습니다. 저도 이 말에 매우 동의합니다. 부모가 불안정한 상태일 때는 자녀를 보살피기보다 자신을 방어하기 위한 활동이 자동적으로 우선순위가 됩니다. 그런 상태에서 자녀를 안정적으로 양육한다는 것은 사실 매우 어려운 일입니다.

좋은 부모의 조건에는 자신의 마음 상태를 잘 조절할 줄 아는 자기조절감이 결정적 요소입니다. 자신의 내면에서 일어나는 마음 상태를 다스리지 못하는데 어떻게 자녀의 감정을 알아차리고 불안정한 자녀에게 안정감을 주며 사랑을 전달할 수 있을까요? 이것은 어느 부모에게나 적용되는 말일 것입니다. 이런 이해를 바탕으로 보자면, 부모가 정서적으로 불안정하고 자신의 감정을 잘 조절할 줄 모른다면 본의 아니게 언제든지 자녀에게 상처를 주고, 정서적 학대를 하는 부모가 될 수 있다는 것입니다.

정서 조절의 실패와
'부모다움'이 차단되는 순간

우리가 외부로부터 들어온 자극을 처리하는 과정은 크게 두 가지 흐름이 있습니다. 하나는 상향식^{bottom up} 정보의 흐름으로, 들어온 자극이 안전한지 위험한지를 신속하게 평가하여 즉각적이고 자동적인 반응을 일으키는 것입니다. 스트레스 상황에서 자기 내면의 해결되지 않고 억눌려져 있는 감정이 건드려지면 예측할 수 없는 강렬한 반응으로 연결될 수 있습니다. 걷잡을 수 없는 분노, 슬픔과 같은 감정이 순식간에 치솟아 오릅니다. '왜 이렇게 내 마음을 모를까, 왜 이렇게 내 입장을 생각해주지 않을까.' 하는 생각과 감정에 압도되어 빠져드는 것입니다.

다른 하나는 하향식^{top down} 정보 흐름입니다. 여기에는 뇌의 여러 부분 중에서도 전두엽이 주로 관여합니다. 상황을 객관적으로 바라보며 심사숙고해 자신의 감정과 행동을 조절합니다. 우리가 외부로부터 자신을 보호하고 중요한 감정과 감각을 알아차리며, 동시에 이성적이고 객관적인 관점을 유지하기 위해서는 뇌의 이

두 가지 정보처리 과정이 조화를 이루어야 합니다.

그런데 이 조화가 잘 이뤄지지 않으면 어떻게 될까요? 인간도 역시 동물이므로 우리의 '원시적인 뇌'는 기본적으로 안전함을 추구합니다. 그런데 내면에서 안전하지 않다는 알람이 계속 울리면 우리는 살아남는 데에만 에너지를 씁니다. 자녀를 보살피고 공감하며 또 희생하고 양보하는 것은 근원적으로 위험의 신호가 줄어들고 이성적으로 통제가 가능할 때 일어날 수 있는 일인데, 이것이 불가능해지는 것입니다. 부모의 반대편에 있는 아이는 평생에 걸쳐 트라우마가 될 수 있는 치명적인 타격을 받을 수 있습니다.

부모가 자신을
방어하려는 상태

혜영 씨는 중학교 2학년 남자아이 엄마입니다. 도대체 아이를 어떻게 다뤄야 하는지 알 수 없어서 절망적이라고 하면서, 이제는 아이보다는 자신을 돌아봐야 할 것 같은 생각이 들어 상담을 왔습니다.

언젠가부터 아이가 엄마인 자신을 무시한다는 느낌이 들어 참을 수가 없었습니다. 그러다가 인터넷 전화선을 끊었고, 너무 화가 나서 스마트폰도 부숴버렸습니다. 그랬더니 아들은 공부를 안 하고 매일 누워 잠을 자면서 혜영 씨의 속을 더 긁어 놓아 견디기 어려웠습니다. 걱정하는 엄마 마음을 너무 몰라주는 것 같아 한번은 아이와 싸우다가 "그럴 거면 엄마가 죽는 것이 낫겠다."라고 베란다 문을 열고 나가 죽으려는 시늉을 했고, 또 한번은 칼을 들고 "이래도 네가 정신을 못 차리고 안 고치겠어?"라고 협박한 적도 있었습니다.

이 정도 하면 아들이 울면서라도 말리고 정신을 차릴 줄 알았는데, 여러 번 반복하다 보니 아들은 혜영 씨에게 죽든지 말든지 마음대로 하라고 말했습니다. 결국 혜영 씨는 아들이 아니라 자신을 추슬러야겠다는 생각으로 저를 찾아온 것입니다.

일어나서는 안 되는 상황이지만 사실 이런 극한의 상황은 가정 안에서 많이 일어납니다. 그리고 한 걸음 물러서서 상황을 바라보면, 지금 엄마의 내면 상태는 자녀를 양육하는 부모의 상태에서 벗어나 있음을 알아차릴 수 있습니다.

특별히 이상한 부모에게서만 일어나는 일이 아닙니다. 자세히 이야기를 들어보면 혜영 씨가 늘 극단적인 행동만 하는 것도 아닙니다. 혜영 씨 내면의 어느 부분에서는 부모로서 책임을 다하고 자녀의 필요를 채워주고자 노력하고 애쓰는 부분이 있습니다. 하지만 감정이 제어되지 않는 이런 불안정한 상태가 빈번하게 나타납니다. 다른 때에 아무리 아이를 위해 책임을 다하려고 노력해도 부모의 불안은 영향력이 커서 자녀의 뇌는 점점 더 불안정해지고, 자녀 역시 본의 아니게 부모를 자극하고 공격하는 악순환에 빠집니다.

무시당한다는 생각, 조절할 수 없다는 감정이 부모를 흥분으로 몰아넣으면서 점차 신경계는 위험의 알람을 울리기 시작합니다. 자신을 보호하기 위한 방어 상태로 넘어가는 것입니다. 이런 상황이 되면 부모가 보이는 말과 행동은 부모의 이성과는 달리 자녀를 공격하고 자신을 방어하는 것으로 나타납니다. 부모와 대면하고 있는 아이 역시 겉으로는 할 말을 하고 반항하는 것처럼 보여도 속으로는 극한의 무기력감과 두려움에 얼어붙어 견디고 있을 가능성이 큽니다. 나를 보호하고 지켜줘야 할 엄마가 감당할 수 없이 폭발하는 공포 상황을 아이는 견딜 수 없기 때문입니다.

심한 감정 기복의
희생자는 자녀

물론 대부분의 부모가 자녀를 기르는 과정에서 종종 이러한 조화가 깨져 불안정한 상태가 됩니다. 감정의 기복을 경험합니다. 하지만 자신을 보호하고 조절하는 과정을 통해 곧 안정된 상태로 돌아올 수 있습니다. 자녀를 보호하고 연결감을 주고받을 수 있는 상태로 돌아오는 것입니다.

하지만 부모가 평상시에 늘 긴장되어 있고 다른 사람의 반응에 과도하게 민감하며, 자신의 감정을 잘 느끼고 표현하지 못해 억눌린 감정의 덩어리가 많다고 해봅시다. 부모가 어린 시절 여러 가지 학대와 방임의 상처를 겪어왔다면 아마 부모의 마음속에 두려움과 공포를 느꼈던 순간들이 많을 것입니다. 그렇다면 그는 수시로 감정의 소용돌이에 빠져들어 안정된 상태로 제대로 헤어나오지 못할 수 있습니다. 상황이 악화되는 것을 제어하고 수습하는 의지나 노력이 더 이상 작동하지 않는, 충동적인 자기방어 반응만이 존재하는 상태로 쉽게 휘말리는 요소가 부모 내면에 있을 수 있는 것입니다.

아직 덜 자란 아이가
아이를 키웠는지도 모른다

"아버지는 자수성가한 사람이었어요. 자기주장이 강하고 고집스러운 성격인데, 밖에서는 사람들한테 잘했어요. 그런데 집에 와서는 엄마에게 함부로 하고 술을 마시면 엄마를 때리고 욕도 했죠. 조금만 아버지의 기준에 안 맞으면 쉽게 화를 내고 우리들에게도 온갖 폭언을 다했어요. 엄마는 엄마대로 고집이 있어 조금도 참지 않고 아버지에게 대들고 싸우다 보니 엄마도 늘 마음이 편치 않았어요. 아버지에 대한 원망과 불만을 늘 저에게 하소연했어요. '내가 너희들 때문에 산다. 너희들마저 엄마 마음을 몰라주면 엄마는 못 산다. 내가 전생에 무슨 죄를 지어서 이 고생을 하고 사는지 모르겠다. 내 원통한 것을 아무도 몰라준다.' 이렇게요. 엄마도 저희한테 자주 짜증내고 조금만 잘못하면 자기 화를 참지 못하고 때렸어요. 어릴 적 맞으면 왠지 억울하기도 하고 제가 무엇을 해도 소용이 없겠구나 하는 생각을 많이 했어요. 나는 쓸모없다는 생각, 아무도 제 편이 없다는 생각이요."

"저는 엄마로서 아이를 잘 키우기 위해 책도 보고 배운 대로 실천하려 노력하는데 막상 아이가 제 말을 안 들으면 제 노력을 무시하고 인정해 주지 않는 것 같았어요. '어? 이게 아닌데?' 싶으면서도 아이를 궁지에 몰아넣고 있는 제가 보여요. 저는 제 아이에게도 인정받으려고 기를 쓰고 있는 거예요. 제 깊은 속에서는 아직 더 보호받고 싶고 사랑받고 싶은 어린아이가 있는데, 현실에서는 제가 사랑을 주고 보살피고, 늘 뭔가를 해주어야 하는 입장이니까 억울하기도 했어요. 아이는 잘못이 없다는 것을 알면서도요. 제 내면에서는 어른으로서의 엄마 역할이 잘 받아들여지지 않았던 것 같아요."

엄마도 트라우마의
희생자였다는 것을

어릴 적 부모로부터 꼭 필요한 정서적인 지지와 보살핌을 받지 못한 내담자들의 이야기를 들어보면 그들 부모에게는 몇 가지 공통점이 있습니다.

첫 번째는 부모 역시 어릴 적 여러 이유로 자신의 부모로부터 충분한 보살핌을 받지 못했고, 그러다 보니 자녀와 어떻게 정서적으로 친밀한 관계를 맺는지, 어떻게 마음을 알아주고 반응해 주어야 하는지 잘 모르고 있었다는 것입니다. 정서적 지지와 공감의 결핍은 내 부모 세대의 그 위에서부터 이어져온 경우가 많았습니다.

두 번째는 성장 과정에서 부모가 신체적·정서적 학대를 당한 트라우마의 희생자인 경우가 많았습니다. 불안하고 우울할 때 자신의 감정을 어떻게 다스리고 다시 안정적인 상태로 돌아올 수 있는지 방법을 잘 알지 못했습니다. 불안, 우울, 강박적 긴장감, 대인관계에서 민감성이 높았고, 부모와의 관계에서 있었던 여러 가지 부정적 경험이 그의 내면을 혼란스럽게 만들어 자신도 모르게 자녀를 학대하고 방치하는 경우가 많았습니다.

세 번째는 부모 자신의 어릴 적 충족되지 못한 애정과 의존에 대한 욕구로 배우자에게 과도하게 집착하거나 심리적으로 좌지우지되고 있었습니다. 배우자와의 관계에서 반복되는 애착의 상처와 좌절감으로 부모와 자녀 사이에 건강한 경계를 만들지 못했고, 오히려 자녀가 부모의 감정을 위로하고 중재하는 역할을 하게 된 것입니다. 이때 부모는 자녀의 감정에 공감하고 자녀의 성장을 이끌어줄 여력이 없는 상태입니다. 자녀 역시 안정적인 자존감과 정서 조절감이 발달하는 데 어려움을 겪을 수밖에 없습니다.

상처를 대물리고
싶지는 않았지만

20대의 소연 씨는 엄마가 권해서 제게 상담을 받으러 왔습니다. 자신에게 무엇인가 문제가 있고, 이 문제는 아무래도 어린 시절로부터 온 것 같다고 했습니다. 그녀는 어린 시절 부모의 심한 다툼을 수시로 봐야 했고 부모로부터 폭언과 폭력에 시달렸습니다. 그녀는 자신감이 부족하고 자기비하가 심했는데, 문제는 성인이 되어 이성교제를 하면서 본격적으로 나타났습니다. 자신을 무시하고 함부로 하는 남자친구와의 관계를 끝내지 못하고 그 관계를 지속하는 식의 연애가 반복되었습니다. 그녀의 언니도 이전에 우울증과 공황장애로 치료를 받은 적이 있다고 했습니다.

얼마가 지난 후 저는 소연 씨의 어머니를 만나게 되었습니다. 소연 씨의 어머니는 열심히 살아온 사람이었습니다. 본인 어린 시절의 어려움과 결혼 생활에서의 문제, 부모로서 지난 시간에 대한 후회 등을 차분하게 이야기했습니다. 정신없이 살아오다 보니 자신도 모르게 딸들에게 많은 상처를 주었고, 그 상처가 이렇게까지 큰 영향을 미칠 줄 몰랐다고 했습니다.

저는 소연 씨 어머니의 이야기를 들으면서 어머님에게 나름대로 많은 자기 숙고의 시간이 있었음을 느낄 수 있었습니다. 무엇보다 제가 귀 기울여 들은 것은 소연 씨 어머님이 자신의 어린 시절 얼마나 많은 고난을 겪었는지, 부부 사이의 갈등이 얼마나 심각했는지, 부모로서 자녀에게 얼마나 심한 상처를 주었는지가 아니었습니다. 어머님은 자신의 혼란과 괴로움에서 벗어나고 싶어서 많은 노력을 해왔다고 했습니다. 자신의 어린 시절이 지금 부모가 된 자신에게 어떤 부정적 영향을 주었고, 그것이 또 내 자식들에게 무슨 영향을 끼치고 있는지를 깨닫게 되는 시간이 있었습니다. 그러면서 부모로서 자신에 대해 많은 것을 돌아보게 되었다고 했습니다. 점차 자신의 마음을 다스리는 것과 자녀를 대하는 태도나 행동을 바꾸고자 노력했고, 지금도 노력 중이라고 했습니다. 저는 이 과정에 귀를 기울였고 어머님을 진심으로 격려하고 위로했습니다.

그렇습니다. 중요한 것은 과거의 내가 경험한 절절한 고통과 상처보다, 사실은 내가 그 고통을 인정하고 고통으로부터 변화하기 위한 움직임을 어떻게 해나가느냐에 있습니다.

딸인 소연 씨 본인도 어린 시절 받은 상처로 여전히 엄마가 무섭고 두려운 부분이 있지만, 마음 한편에서는 현재의 엄마가 노력하고 변화하고 있다는 것을 느끼고 있었습니다. 자녀의 성장과 함께 부모도 변화하고 앞으로 나아갈 수 있는 것이지요. 좀 더 이른 시기에 누가 이 어머니에게 부모로서 마음을 안정시킬 수 있도록 도와주었다면 그동안의 고통과 혼란을 줄일 수 있었겠지요. 하지만 그렇지 않더라도 언제든지 자신을 돌아보고 변화를 시작할 수 있다면, 그때가 가장 빠른 때인 것입니다.

트라우마의 대물림: 심리적인 문제만이 아니다

부모가 경험한 트라우마는 단순히 심리적인 문제에서 그치지 않고, 생물학적 변화를 일으키고 유전자가 발현되는 방식에 영향을 미쳐 자녀에게 대물림된다는 후성유전학에 관한 연구 결과들이 많이 나오고 있습니다. 이 분야를 주로 연구한 마이클 미니 박사는 물벼룩에 대한 연구를 예로 들었는데 매우 흥미롭습니다.

어떤 물벼룩은 뾰족한 꼬리와 두꺼운 투구 형태 머리가 있는데, 같은 유전자를 가지고 있더라도 또 어떤 물벼룩은 이런 꼬리와 머리를 가지고 있지 않다고 합니다. 이 차이가 어디에서 오는지 연구해 봤더니 어린 물벼룩을 포식자가 없는 수족관에서 안전하게 자라도록 하니 뾰족한 꼬리나 투구가 없이 성장했다고 합니다. 반대로 포식자의 냄새가 나도록 꾸민 수족관에서 물벼룩을 자라도록 하면 성장하면서 뾰족한 꼬리와 투구가 생겨났습니다. 생존을 위한 적응은 정말 놀랍습니다. 위험에 대한 방어장치가 생존을 위해 발달하는 것입니다.

그런데 여기서 더 흥미로운 것은 새끼였을 때 포식자의 냄새를 맡았던 경험이 있는 엄마 물벼룩을 다시 포식자가 없는 안전한 수족관으로 옮겨 자라도록 하고 새끼를 낳도록 했는데, 엄마 물벼룩이 뾰족한 꼬리와 투구 머리를 한 새끼들을 낳았다는 점입니다. 당연히 새끼들은 포식자를 본 적도 냄새를 맡아본 적도 없습니다. 엄마의 어릴 적 경험이 새끼에게로 전달되어 나타난 것입니다.

생쥐를 대상으로 한 연구도 있습니다. 스위스 취리히 연방공과대학교 이사벨 만수이Isabelle Mansuy 교수는 어미 쥐와 새끼 쥐를 무작위로 떼어놓은 후 어미 쥐에게 스트레스를 주기 위해 튜브 속에 가두거나 물속에 빠뜨렸습니다. 이후 어미 쥐를 다시 새끼 쥐와 만나게 해주었지만 어미 쥐는 매우 불안정하고 주의가 산만해서 새끼 쥐들을 외면하고 스트레스 반응을 보였습니다. 이렇게 스트레스를 받은 어미 쥐에게 길러진 새끼들이 자라서 불안정한 면을 보이는 것은 물론 예측할 수 있는 부분입니다. 그런데 어미 쥐의 스트레스로 인해 예민함을 보이던 새끼 쥐가 엄마가 되어 다시 새끼를 낳았을 때, 그 새끼 쥐들에게까지 그 특징이 전해졌습니다.

한편 또 하나의 실험으로 만수이 교수는 양육 과정에서의 대물림 요소를 배제하기 위해 부계혈통만을 따로 연구했습니다. 실험에서 별다른 '스트레스를 받지 않은 어미 쥐'와 '스트레스를 경험한 수컷 쥐'를 교배한 후 수컷 쥐를 따로 분리해서 성장 과정에서 새끼 쥐가 스트레스를 받은 아빠 쥐의 영향을 받지 않도록 했습니다. 연구 팀은 이런 실험을 여러 세대에 걸쳐 진행했는데 결과는 '스트레스 받은 아빠의 새끼 쥐들'은 '스트레스를 받지 않은 아빠의 새끼 쥐들'보다 위험하고 무모한 행동을 더 많이 했습니다. 양육 과정에서 미칠 수 있는 스트레스 요인을 통제한 실험에서도 후성유전에 의한 생물학적 변화를 보여준 것입니다.

뉴욕 마운트시나이 의과대학교 레이철 예후다Rachel Yehuda 교수는 이와 유사한 결과를 사람의 경우에서도 보여줍니다. 예후다 교수는 미국의 9.11 테러 당시 테러 현장이나 근처에 있어서 외상후 스트레스 증상을 보였던 임산부가 낳은 아이들을 관찰했는데, 감정 조절과 스트레스에 대처하는 능력이 현저하게 떨어지고 새로운 자극에도 더 민감한 반응을 보였음을 보고했습니다. 임신한 엄마의 스트레스가 자녀에게로 전해진 것입니다. 외상후 스트레스 장애가 있는 어머니의 자녀는 외상후 스트레스 장애 진단을 받을 가능성이 세 배 더 크고 우울, 불안, 약물남용의 가능성이 높았다고 합니다.

위 사례는 부모의 고통과 스트레스 경험이 대물림되고, 또 유전자 발현에 영향을 미친다는 것을 보여주지만 그렇다고 유전자가 모든 것을 결정하는 것은 아닙니다. 앞서 말한 후성유전학 연구의 선구자인 미니 박사는 냉담한 어미에게서 태어났지만 애정으로 보살피는 어미에게 입양되어 길러진 쥐들이, 성장해서는 처음부터 사랑이 많은 어미 쥐에게서 태어난 쥐들과 구별되지 않았다고 했습니다. 또 이 쥐들이 다시 엄마가 되었을 때도 낳아준 어미 쥐보다는 길러준 어미 쥐의 모성 행동을 따르는 것도 보여줬습니다.

트라우마 없이 자란 사람은 없다

최근의 후성유전학 연구들은 트라우마의 대물림을 설명하지만 나아가 이 연구들은 우리에게 트라우마의 대물림을 방지할 수 있는 희망에 대해서도 이야기해 줍니다.《트라우마는 어떻게 유전되는가It Didn't Start with You》의 저자 마크 월린은 "어떤 삶에서든 트라우마가 전혀 없을 가능성은 희박하다. 트라우마는 그것을 겪은 사람이 죽은 뒤에도 잠들지 않고 후손 중에서 대신 해소해 줄 가능성이 커 보이는 사람을 찾는다. 그러나 다행히도 인간은 회복탄력성 덕분에 대부분의 트라우마를 치유할 수 있다. 이는 살아가는 동안 어느 때라도 가능하다." 라고 말합니다.

상처 없이 성장한 사람은 없고 우리는 누구도 완벽한 존재가 아닙니다. 앞에서 설명했던 펠리티 박사의 아동기 부정적 경험ACE의 연구에 따르면 어린 시절 부정적 경험이 없이 성장한 사람은 전체의 3분의 1밖에 되지 않았습니다. 하지만 나머지 상처를 경험한 3분의 2의 사람들도 어떤 식으로든 자신의 고통을 회복하고 변화하기 위한 시도를 해나갈 때 건강한 성인으로의 삶을 살아갈 수 있습니다. 나아가 안정적인 부모도 될 수 있습니다. 트라우마의 대물림을 막을 수 있다는 말이 되겠지요.

여기서 초점은 우리가 과거에 무슨 상처를 경험했느냐보다는 자신의 고통을 어떻게 다스려왔는지에 따라 트라우마의 대물림을 막을 수 있다는 것입니다. 이것이 우리에게 희망을 줍니다.

"반추reflection하지 않으면 역사(과거)는 반복된다." 정신과 의사 다니엘 시겔의 말입니다. 그렇습니다. 우리는 누구도 완벽한 존재가 아닙니다. 살아가면서 조금씩 더 나아지기 위해 노력하고, 죽을 때까지 변화하고 성장하는 존재입니다. 자신의 내면 경험에 주의를 기울여 보는 것을 멈추지 마세요. 이는 내면의 상처를 치유하는 일일 뿐만 아니라 우리가 사람답게 살아가도록 하는 일이기도 합니다.

과거를 바꿀 수는 없지만
다르게 바라볼 수는 있다

– 변화를 위해 내 마음에 담아둬야 할 것들

왜 상처가 치유되지 않고
지속되는 걸까?

우리는 살아가면서 여러 가지 두렵고 위협적인 일을 마주하지만 시간이 지나면 점차 그런 경험을 삶의 한 부분으로 받아들입니다. 문제되는 상황을 경험할 당시에는 흥분하거나 울거나 잠을 설치기도 하지만, 그 고통을 우리 내면에서 받아들이고 회복하고자 노력합니다. 몸에 상처가 생겨도 시간이 지나면 아물고 새살이 돋듯, 충격적인 일을 경험하면 우리 뇌에서도 이를 소화하고 적응하도록 유용한 정보에는 접속하고 불필요한 정보는 흘러가게 두어 통합하려는 시도가 일어납니다. 이것을 '적응적 정보처리 과정adaptive information process'이라고 하지요.

예를 들어 중요한 발표에서 커다란 실수를 했다고 생각해 봅시다. 이런 상황이 되면 여러분은 당황스러움과 수치심으로 얼굴이 화끈거리고 식은땀이 날 수 있습니다. 자신에게 화가 나거나 한심하다는 부정적인 생각이 들고, 그날 저녁 식사를 거를 수도 있습니다. 가족이나 친구에게 하소연했지만 여전히 개운하지 못해서 그 일이 꿈에 나올 수도 있을 겁니다. 생각만 해도 고통스러운 시간입니다. 그런데 사실 이러한 일련의 과정은 내가 경험한 일을 소화하고 처리하는 과정입니다. 다음 날 아침이 되면 여러분은 한결 기분이 나아진 상태가 될 가능성이 높습니다.

우리가 꿈을 꾸는 렘수면rapid eye movement sleep, REM sleep 동안 뇌에서는 여러 가지 정보처리가 일어납니다. 낮에 내가 크게 실수했던 상황이 있었다면, 이 정보가 뇌에 저장되어 있는 다른 정보의 네크워크와 연결됩니다. 과거에 내가 어떤 과제를 실수 없이 잘 처리해서 칭찬받았던 상황이라든가, 혹은 동료가 중요한 과제를 하다 실수한 일, 동료가 실수했을 때 내가 위로해 주었던 상황 등, 보다 유용한 정보들과 연결이 일어납니다. 마냥 수치스러워하는 게 아니라 현실에서 어떻게 대처하는 게 나를 위한 일인지 적절하게 생각하고 행동할 수 있도록 도와줍니다.

그런데 감당하기 어려운 심각한 충격이나 고통스러운 경험에 부닥치면 뇌가 정보를 자연스럽게 처리하는 과정을 압도할 수도 있습니다. 고통스러웠던 그때의 감정, 이미지, 신체 감각, 그와 관련된 여러 생각들이 그대로 남습니다. 우리 몸에서도 다친 곳이 자연스럽게 회복되지 못하면 상처가 곪거나 회복이 늦어져 흉터가 되듯, 적응적 정보처리 과정이 잘 이루어지지 않은 트라우마 경험은 일반적인 기억과는 좀 다르게 저장됩니다. 고통스러운 기억의 파편이 따로 저장되지요. 그리고 제대로 처리되지 못하고 남겨진 고통의 흔적들은 지금 여러분이 경험하고 있는 다양한 문제 행동이나 증상의 중요한 원인이 될 수 있습니다. 어느 날 갑자기 이상한 증상이 생기는 것이 아니라, 과거에 경험한 고통스러운 기억이 내면에서 통합되지 못하고 현재에 영향을 미치고 있는 것입니다.

트라우마에 효과적인
EMDR 치료

트라우마 치료에 매우 효과가 있다는 새로운 치료기법인 EMDReye moment desensitization reprocessing(안구운동 민감소실 재처리) 치료를 접하고 열정적으로 관심을 쏟던 2007년, 파리에서 열리는 유럽 EMDR 학회에 참석한 적이 있었습니다. 여러 발표자 중 한 명이었던 로버트 팅커Robert Tinker 박사는 연단에 서서 강의를 시작하기 전에 웃으며 이런 말을 했습니다. "내 인생에서 가장 의미 있는 두 가지 만남 중 하나는 아내를 만난 것이고, 또 하나는 EMDR 치료를 만난 것입니다."

그때 그의 말은 제게도 두고두고 인상 깊게 남았습니다. 저 역시 임상가로서 EMDR 치료를 만난 것이 인생에서 매우 의미 있는 일이었기 때문입니다. EMDR 치료는 임상가로서 저의 철학에 큰 영향을 주었습니다. 무엇보다 제가 만나는 내담자들의 내면에 상처를 회복할 수 있는 자원이 이미 존재한다는 믿음을 가지게 되었습니다. 이어지는 내용에서 계속 이야기하겠지만, 치료자의 역할은 다른 특별한 게 아니라 내담자들의 회복력을 자극하고 북돋아 주는 안내자라는 깨달음이 오래도록 저에게 힘을 주었습니다.

EMDR 치료는 지금은 고인이 된 미국의 심리학자 프랜신 샤피로Francine Shapiro 박사가 1987년 우연히 발견한 치료 방법입니다. 샤피로 박사는 어느 날 자신의 고통스러운 문제에 대해서 고민하면서 공원을 산책하던 중 어느새 부정적 생각이 줄어들고 마음이 편안해진 것을 깨달았습니다. 그는 이게 어떻게 된 일인지 골똘히 생각해 보다가 자신의 눈동자가 좌우로 움직였다는 점에 착안했습니다. 일종의 양측성 자극bilateral stimulation(일정 속도로 좌우 뇌 반구에 번갈아 보내는 자극)이었습니다. 이후 샤피로 박사는 안구운동을 하면서 과거의 기억을 떠올리면 그 기억과 관련된 고통이 사라진다는 것을 깨닫게 되었고, 이에 대한 연구를 시작했습니다. 그리고 '좌우 양측으로 눈을 움직이는 안구운동이 고통스러운 기억에 대한 민감도를 감소시킬 수 있다.'는 EMDR 치료방법을 개발해냈습니다.

EMDR 치료는 과거의 고통스러운 기억을 없애는 것이 아닙니다. 복잡하게 얽혀 아무리 시간이 지나도 처리되지 않았던 과거 기억의 실타래를 안구운동을 통해 서서히 풀어내고, 보다 현실적이고 회복될 수 있는 기억의 망으로 연결되도록 촉진하는 것입니다. 눈동자를 좌우로 움직이는 것뿐만 아니라 소리와 두드리기 같은 좌우 양측성 자극을 통해 상처 기억과 관련된 고통스러운 감정이

나 생각, 이미지, 불편한 신체 감각 등을 완화하는 거지요. 그리고 내담자 안에서 찾아낸 긍정적 자원을 강화하며 과거 얼어붙었던 기억으로부터 보다 적응적이고 안정적인 관점으로 나아가도록 도와줍니다.

이때 가장 중요한 것은 치료자와 내담자 간의 안정적인 관계임은 말할 것도 없습니다. 치료자는 내담자의 기억 처리 과정을 옆에서 섬세하게 살피면서 이를 방해하는 요소를 함께 찾아가고, 내담자의 비언어적인 반응과 전체의 처리 과정을 조율합니다. 앞서 말한 것처럼 내담자가 자기 안에서 회복해 가는 길을 잃지 않도록 조심스럽게 안내하며 동행하는 거지요. 이 조율이 잘 이뤄졌을 때 과거 기억의 처리도 효과적으로 진행됩니다.

EMDR 치료는 2004년 미국정신의학회에서 발행된 외상후 스트레스 장애 진료지침에 가장 효과적인 정신치료 두 가지 중 하나로 선택되었습니다. 그리고 현재는 기존의 말로만 하는 상담talk therapy과는 달리 경험적 연구 기반으로 효과가 입증된 주요한 트라우마 치료 접근 중 하나로 자리 잡았습니다. 특히 외상후 스트레스 장애나 성인기의 트라우마 증상에 매우 효과적인 치료로 인정받았습니다.

EMDR 효과와 관련해서는 많은 연구들이 있습니다. 그중 하나를 소개하자면 2007년 베셀 반 데어 콜크Bessel Van Der Kolk 박사 연구 팀이 항우울제를 이용한 치료와 EMDR을 이용한 치료를 비교 연구한 결과가 있습니다. 연구 팀은 외상후 스트레스 장애 환자들을 대상으로 연구를 진행했는데, 결과부터 먼저 말하자면 EMDR 치료를 받은 집단이 항우울제를 복용한 집단보다 호전의 정도가 훨씬 좋았습니다. 치료를 마치고 8개월 뒤 효과를 다시 측정했을 때 항우울제를 복용했던 환자들은 약물 치료를 중단하자 대부분 증상이 재발했지만 EMDR 치료 집단은 그 효과가 유지되었습니다.

EMDR 치료는 근본적으로 내담자가 자기 내면의 여러 자아를 탐색하고 이해하며 부정적 기억을 재처리하고 긍정적 자원은 강화하는 과정입니다. 많은 전문가들은 EMDR 치료의 효과를 극대화하기 위한 노력을 지금도 계속하고 있습니다.

과거를 바꾸지 못해도
다르게 바라보기

우울과 무기력감을 호소하며 저를 찾아온 30대의 진숙 씨는 층간소음으로 말할 수 없는 고통을 받고 있었습니다. 위층에서 잠들고 조용해질 때까지 아무것도 할 수가 없었습니다. 다른 가족들처럼 신경을 안 써보려 애쓰고 위층에 가서 이야기도 하고, 심지어 이사도 가며 온갖 시도를 다 했지만 나아지지 않았습니다. 진숙 씨는 이렇게까지 민감한 자신이 도무지 이해되지 않아서 치료를 받으러 왔습니다. 그리고 EMDR 치료 과정에서 뜻밖에 이전에는 연결해 생각하지 못했던 기억을 떠올리게 되었습니다.

지금 현재 자신이 경험하고 있는 고통이 단지 위층에서 나는 소음 때문만이 아니라, 과거 어린 시절 부모님이 심하게 다툴 때 언니와 함께 이불을 뒤집어쓰고 떨었던 기억과 관련되어 있음을 알게 된 것입니다.

어린 시절 진숙 씨는 부모님의 고함과 물건 깨지는 소리가 언제 끝날지 두려워하며 땀에 흠뻑 젖어 잠이 들었던 것 같다고 했습니다. 반복되었던 당시의 두려움과 무기력감을 누구에게도 표현하지 못한 채 오랜 세월이 흘렀습니다.

진숙 씨와 저는 안구운동을 통해 '내가 할 수 있는 것이 아무것도 없다'는 무기력감과 두려움, 또 머리에 열이 나는 것 같은 느낌과 지금 느끼는 고통의 정도에 집중하면서 어린 시절의 이 기억을 다루어갔습니다. 여러 번의 처리 과정을 통해 그녀는 의식으로 떠오르지 못하도록 눌러두었던 어린 시절의 불안하고 무기력했던 순간들을 인식하게 되었습니다. 엉켜 있던 기억의 실타래가 조금씩 풀리면서 진숙 씨는 어린 시절의 그 상황들이 20년도 더 지난 일이라는 것과 지금은 부모님과 따로 살고 있다는 것, 어쩌다가 부모님이 다투시면 이제는 자신이 큰소리로 그만하시라고 말할 수도 있다는 현실을 깨달았습니다. 어린 시절에는 두려워하며 견뎠지만 어른이 된 지금의 나는 당시보다 할 수 있는 일이 훨씬 더 많다는 사실을 머리만이 아니라 가슴으로도 깨닫게 된 것입니다.

진숙 씨는 현재에 그림자를 드리우고 있던 기억을 비로소 과거로 흘려 보냈습니다. 이후에도 어린 시절 상처를 하나씩 하나씩 다루어갔고, 점차 더 안정을 찾은 뒤에는 소음이 들릴 때 이전보다 훨씬 더 편안하게 대처할 수 있게 되었습니다.

트라우마 기억을 다룰 때 과거 상처의 기억을 다루는 일 못지 않게 중요한 것은 현재에서도 좀 더 안정감을 느낄 수 있도록 감정 조절을 연습하는 것입니다. 또한 긍정적 기억과 자원을 찾고 이를 필요할 때 활용할 수 있도록 강화할 수 있어야 합니다. 과거 상처의 기억을 다룬다고 해서 두 발을 모두 과거에 담그고 기억을 파헤치는 것이 아니라, 한쪽 발은 내가 떠올릴 수 있는 만큼 고통의 기억에 접근하는 데 두고, 또 한쪽 발은 긍정적 기억, 즉 자원을 찾고 강화하는 데 두는 것입니다. 이것이 EMDR 치료에서 중요한 '이중 집중'입니다. 현재와 과거에 균형을 맞춰 주의를 기울이는 것이지요.

이 과정을 통해 우리는 비로소 과거를 과거로 떠나보내고 온전하게 지금 현재에 머물 수 있습니다. 나에게 일어난 과거를 바꿀 수는 없지만 지금 여기서 과거를 바라보는 나의 관점은 바꿀 수 있습니다.

상처의 치유는
세 영역에서 일어난다

무엇인가 변화가 필요해서 상담을 오는 내담자들의 마음속에는 두 가지 상반된 마음이 존재하는 경우가 많습니다. 어떻게 해서든 지금 나를 괴롭히고 있는 증상들을 없애고 변화하고자 하면서도, 또 한편에서는 변화하는 것에 대한 막연한 두려움도 가지고 있습니다. 후자의 경우는 본인도 잘 의식하지 못합니다.

내면에 고통스러운 감정을 담아두고 있는 사람들은 자신의 상처를 들여다보는 것은 말할 것도 없고 내면에서 일어나는 생각과 감정 등에 주의를 기울여 보는 것, 그 자체만으로도 거부감과 두려움을 느낍니다. 그래서 사실 내가 지금 느끼고 생각하는 것들에 대해 이런저런 질문을 해보고 다른 관점에서 생각해 보려 의지를 보이는 것 자체가 변화의 시작이라고 할 수 있습니다.

상처 회복을 위해:

준비 단계

상담자가 이들의 상반되고 복잡한 마음을 잘 이해하지 못하고 겉으로 드러나는 문제에만 반응한다면, 이들은 눌러두었던 자신의 고통과 어려움을 한꺼번에 꺼내놓고는 감정적으로 불안정해져서 다시 상담에 오지 않을 가능성이 큽니다. 마음의 한 부분은 이 고통을 다 털어내고 없애버리고 싶지만, 또 한편에는 그 고통으로 인한 증상이 여전히 유지되는 이유가 있기 때문입니다.

어린 시절부터 누적되어온 상처를 치유하고 회복해 가는 과정은 사실 많은 시간이 필요합니다. 변화의 속도와 과정은 사람마다 다양하고, 내 고통을 당장 멈춰줄 획기적인 방법은 없습니다. 내가 지금 경험하는 고통이 무엇으로부터 왔는지, 어떤 것이 문제가 되었는지에 대한 이해 없이 막연하게 무엇인가 새로운 방법이 나를 치료해 줄 것이라는 기대로 시작하면 금세 낙담할 수도 있습니다. '나는 뭘 해도 안 되는구나' 하는 좌절감과 수치심으로 그만두게 될 수도 있습니다.

그렇지만 고통을 줄이고 변화하기 위한 시도를 해가는 일이 당장은 눈에 띄는 변화가 없는 것처럼 느껴지고 여전히 고통이 지속된다 하더라도, 그간의 시도는 무엇인가 작은 변화를 일으키기 위한 자원으로 내 안 어딘가에 저장되고 있을 것입니다. 나에게 맞는 좋은 방안을 찾아서 꾸준하게 시도해 가는 것이 중요합니다. 상처를 회복하고 현재에 적응하는 과정에는 인지, 정서, 신체 등 세 가지 영역에서의 변화가 필요합니다. 차례대로 살펴보겠습니다.

자기 비난, 부정적 생각 흔들기:

인지적 회복

여행 중 길을 잃어버린 적이 있으신가요? 만약 그때 누군가가 여러분에게 여행지의 지도와 유용한 정보들을 건네줬다면 어땠을까요? 아마 길을 잃지 않고 보다 안전하게 목적지에 갈 수 있었을 것입니다. 여행뿐 아니라 우리 자신에 대해서도 그렇습니다. 트라우마 치료 초기에 가장 중요한 것 중 하나는 상담자가 내담자에게 지금 경험하고 있는 증상과 반응에 대해서 정확한 정보를 알려주는 것입니다.

충격적인 사건이나 트라우마를 겪으면 위협받는 상황에서 자신을 보호하기 위한 다양한 증상들이 나타날 수 있다는 이야기도 그렇습니다. 특히 어린 시절 부모로부터의 폭력과 지속적인 정서적 보살핌의 부족을 경험한 많은 사람들에게 이러한 설명은 더욱 중요합니다. 성장 과정의 경험이 지금 나에게 어떤 영향을 미치고 있는지 모르는 사람이 대다수이기 때문입니다.

지금 나의 내면에서 일어나는 자기 비난의 목소리와 불안, 우울, 무기력감, 수치심, 분노, 다양한 신체 반응과 같은 많은 것들이 어린 시절의 부정적 경험과 연관돼 있을 수 있고, 결국 이 문제들이 내가 이상하거나 잘못되어서 벌어지는 일이 아니라는 설명을 해줘야 합니다. 어린 시절 나의 감정과 반응을 알아차리고, 그때는 그와 같은 반응이 어릴 때 내가 살아남고 적응하도록 보호해 주었다면, 지금은 그런 말과 행동이 오히려 나를 방해하고 제한하는 요소로 작용한다는 것을 깨달아야 합니다. 내가 이상해서 이러한 경험을 하는 게 아니라는 것, 시간이 지나면 일부 증상들은 자연스럽게 줄어들고 안정될 수 있다는 설명을 듣는 것, 이것만으로도 증상 호전에 많은 도움이 될 수 있습니다.

자신의 증상과 트라우마에 대해 이해할 수 있다면 인지적 영역에서 회복을 시작했다고 볼 수 있습니다. 마음 챙김 명상의 지도자로 불리는 존 카밧진Jon Kabat-Zinn에 따르면, 티베트 사람들은 생각이란 본질적으로 비어 있고, 실체가 없으며, 무상한 것이라고 보면서 '물 위에 글씨를 쓰는 것'에 생각을 비유합니다. 머리에 떠오르는 부정적 생각들은 한 걸음 물러서서 바라봐야 한다고 말합니다. 그래야 생각이 우리를 가두는 감옥이 되지 않고 '우리가 적절하게 다룰 수 있는 무엇'이 될 수 있기 때문입니다. 맞습니다. 우리 마음 속에 무수하게 떠오르는 자기 비난의 생각들이 진짜 나의 모습이 아니라는 사실을 알아야 합니다.

책이나 다양한 정보를 통해 자신에 대한 새로운 관점을 얻고 이해의 폭을 넓혀가는 것도 좋은 방법입니다. 그 과정에서 내 안에 있는 자기 비난의 목소리와 자신에 대해 가지고 있던 왜곡된 부정적 인식을 흔들어보세요. 많은 사람이 심리학이나 자기계발 책을 열심히 읽고 변화를 시도해 보는 것도 바로 이런 인지적 변화를 위한 것입니다.

독이 된 떨치지 못한 감정:
정서적 회복

내 존재가 받아들여진다는 것은 어떤 순간 일어나는 나의 감정과 내가 경험하는 모든 것들이 있는 그대로 안전하게 수용되는 일입니다. 나 자신에게서든 상대방에게서든 말입니다. 그런데 반대로 부모로부터 빈번하게 비난과 경멸을 당하고, 감정에 공감받지 못한 채 외면과 무시를 당하는 순간이 많다면 그건 나의 존재가 부정당하는 것과도 같습니다. '부모가 아이의 감정을 지속적으로 외면하고 거부하는 것은 영혼을 죽이는 것과도 같다.'라는 말도 있지요. 이 고통스러운 상황에서 살아남기 위한 보호책은 아무것도 느끼지 않는 것입니다. 대다수의 아이들은 살아남기 위해 자신이 느끼고 생각하는 것을 차단합니다.

그래서 지금 자신에 대해 이해하려 하면 할수록 오히려 더 많은 질문이 생겨나고 여러 감정이 올라올 수 있습니다. 어린 시절 자신에게 무슨 일이 일어났는지 진실과 마주할 때 분노와 슬픔에 빠질 수 있고, 오랜 시간 동안 눌려왔던 감정들이 올라오면서 두려울 수 있습니다. 하지만 이런 감정들을 억지로 떨쳐버리려 애쓰지 말고 올라오는 감정이 내가 감당할 수 있는 안전한 범위에 머물도록 하면서 흘려보내는 방법을 연습하고 배워야 합니다. 두려워 느끼지 않으려고 했던 감정을 허용하는 순간 댐이 무너지듯이 휩쓸릴 것 같은 생각도 들지만 사실은 그렇지 않습니다.

억눌려 있던 감정은 가장 어리고 약할 때 경험한 고통의 감정입니다. 그 감정을 넘치지 않고 안전하게 잘 다루어 흘려보내는 것을 경험하다 보면 자신의 감정을 느끼고 조절하는 것에 대한 두려움이 점차 완화됩니다. 압도되는 감정을 폭발시키는 것이 아니라 잘 표현하는 방법을 새롭게 배우는 것입니다. 어른으로서의 내가 한 걸음 떨어져서 그 어린아이의 감정에 공감하고 연민의 눈으로 바라보아 주는 따뜻한 시선을 경험해 보세요. 불안하고 두려움에 갇혀 있는 내면의 어린아이에게 안정감을 전해주고 위로해 줄 수 있다면, 얼어붙어 제대로 발달하지 못한 감정의 회로가 다시 작동할 수 있다면, 우리는 회복을 향해 큰 걸음을 내딛는 것입니다.

몸은 내가 필요한 것을 안다:
신체적 회복

"비만 오면 몸이 아파요. 중요한 일이 있어도 날이 흐리고 비가 오면 몸이 굳고 불안해져서 전혀 밖에 나갈 수가 없어요. 특별한 이유가 없이 그랬어요. 이렇게 뭘 해도 제한이 있으니까 우울하고 계속 자책하고 스스로를 비난하며 지냈어요. 저 자신이 이해가 안 돼서요."

20대 청년인 수창 씨는 처음 만났을 때만 해도 비가 올 때마다 일어나는 자신의 증상을 이해하지 못했습니다. 상담을 시작하고 나서야 지금 자신의 문제가 어디에서 비롯된 것인지 점차 알고 이해하게 되었다고 말했습니다.

수창 씨는 어릴 적 아버지의 회사 일로 가족 모두가 베트남에서 살았습니다. 그런데 당시 어린 시절 수창씨는 무엇을 잘못했는지도 모른 채 아버지에게 수시로 심하게 맞고는 했습니다. 잘못한 것이 정확히 무엇인지 알면 그것을 고치려고 노력하고 맞지 않으려 했을 텐데, 어린 수창이는 아빠가 왜 화를 내고 때리는지 아무리 애써도 이유를 알 수 없었습니다. 아이로서는 예측할 수 없는 고통스러운 상황이 수시로 일어나니 늘 불안하고 긴장이 됐습니다. 그리고 아빠가 폭발하고 매를 맞을 때마다 밖에서는 비가 내리고 있었습니다. 과거의 무기력하고 공포스러운 이 감정이 적절하게 해결되지 못하고 어딘가에 저장되어 있었고, 그 기억은 비가 오는 궂은 날씨와도 연결되어 있었습니다.

트라우마가 된 사건은 '일어난 사건' 자체가 문제가 아닙니다. '그 사건과 그 경험에 대한 나의 반응이 어떠했느냐'가 초점입니다. 똑같은 경험을 해도 어떤 사람은 위로와 지지를 받으며 일정 시간이 지난 후 증상 없이 회복하기도 하지만, 어떤 사람은 불안과 좌절, 공포, 두려움 등을 크게 느끼며 평생을 가는 트라우마를 겪을 수 있습니다. 수창 씨는 후자의 경우였던 것입니다.

수창 씨는 상담을 진행하며 비가 올 때마다 일어나는, 도무지 이해할 수 없었던 자신의 신체 증상을 이해할 수 있게 되었습니다. 어린 시절 아무도 나를 보호하고 도와주지 않아 너무 무기력했고 늘 공포감이 있었다는 것을 충분히 자각하게 되었습니다. 그러면서 이런 말을 했습니다. "제가 왜 이러는지 알고 나서 이제 조금 달라졌어요. 이전에는 스스로가 이해되지 않고 황당해서 저에 대한 비난을 멈출 수 없었는데 이제는 저를 좀 마음속에서 받아줄 수 있게 됐어요. 저를 안심시키고 안정된 상태로 되돌리는 것이 더 수월해졌어요. 비가 올 때 몸이 굳어지는 느낌이 여전히 조금 남아 있기는 하지만요."

그렇습니다. 신체 증상은 단번에 회복되지 않습니다. 인지적으로 자신에 대해 이해하고 통찰하는 과정이 잘 진행된다면 자신을 비난하고 경멸했던 목소리가 서서히 줄어들고, 자신을 좀 더 안정적인 상태로 바꾸려는 시도를 해나갈 수 있습니다. 또 그러면서 표현되지 못하고 억압되었던 어린 시절의 분노, 억울함, 두려움, 무기력함 등의 감정과 그 순간의 기억들을 조금씩 안전하게 처리해나갑니다. 몸에 저장되어 있던 얼어붙은 강렬한 생존 반응의 에너지도 함께 다루어 갑니다. 이제까지는 감정과 함께 외면했던 내 몸의 감각에 주의를 기울이고, 그것을 조금씩 안전하게 관찰하고 따라가면서 깊게 잠겨 있던 내 몸의 에너지를 흘려보내는 것입니다. 이 과정을 꾸준하게 시도하면서 수창 씨는 비가 올 때도 긴장하지 않고 몸과 마음이 안정된 상태에 머물 수 있게 되었습니다.

우리를 보호하기 위한 두 개의 정보처리 신경회로를 기억하시나요? 신체의 생존 반응으로 일어났었던 강렬한 에너지가 이제는 다시 안전하게 풀려나갈 수 있도록 하는 상향식 접근과, 이성적으로 자신의 경험을 이해하고 수용해 이제까지와는 다른 관점을 갖도록 하는 하향식 접근이 조화롭게 각자의 속도에 맞게 잘 이루어져야 합니다.

시도해보기

트라우마 회복에 도움이 되는 몇 가지 방법들

여러 내담자들이 그들의 회복에 도움이 되었다고 이야기하는 몇 가지 방법을 소개합니다.

나를 위한 글쓰기

조금이라도 주변의 방해를 덜 받을 수 있는 시간을 정해 나만의 시간을 가지고 글을 써보세요. 나의 내면 경험에 불을 비추고 그것에 귀를 기울여 보세요. 언제라도 좋습니다. 하루 중 일정 시간을 정해서 나의 생각이나 감정을 적어보는 것입니다. 하루 일과를 정리하면서 일기처럼 적을 수도 있고 이른 아침 하루를 시작하기 전에 떠오르는 마음속의 생각을 적어볼 수도 있습니다. 그게 무엇이든 판단하거나 검열하지 않고 떠오르는 대로 적어보세요. 새롭게 떠오른 생각이나 깨달음을 적을 수도 있고 꿈을 기록해 볼 수도 있습니다. 감사하는 마음에 초점을 두고 감사일기를 써보는 것도 좋습니다. 매일의 명상 경험을 적는 명상일기도 좋습니다.

일상적으로 떠오르는 생각도 있지만 차분하게 나의 내면에 집중하다 보면 미처 듣지 못했던 내면의 소리를 들을 수도 있습니다. 오랫동안 외면했던 나의 어린 자아의 소리를 들을 수도 있습니다. 이를 통해 더 깊게 자신을 이해하는 기회가 될 수도 있습니다.

또 한 가지 방법은 내 안에서 뭔가 강렬한 감정이 느껴질 때 그 순간 그것에 주의를 기울이고 글로 써보는 것입니다. 지금 내 안에서 신호를 보내고 있는 그 부분에 대해 말입니다. 이때는 분량을 정해놓고 써보는 게 부담이 없을 것입니다. A4 용지 절반 정도의 분량으로 찬찬히 써 내려가봅니다. 느껴지는 것들을 떠오르는 대로 말입니다. 이때 역시 한 걸음 물러서서 '무엇이건 이유가 있어서 느껴지는 거야. 내가 잘 들어볼게.'라는 마음으로 나 자신을 관찰하면서 적어보면 더욱 좋을 것입니다.

항우울제를 먹을까, 운동을 할까?

안정된 생활 리듬을 위해 꾸준히 운동을 하면 건강뿐 아니라 불안과 우울에도 긍정적인 효과를 미친다는 것을 보여주는 연구가 있습니다. 듀크 대학교 연구 팀은 우울증과 운동에 관한 연구를 진행하면서, 우울증을 겪고 있는 한 집단은 조깅을 하고 또 한 집단은 항우울제를 복용하도록 했습니다. 두 집단 모두 증세가 호전되었는데, 1년이 지난 뒤 두 집단을 다시 조사해 보니 항우울제를 복용한 집단은 3분의 1 이상이 우울증이 재발했습니다. 반면 조깅으로 우울증이 좋아졌던 사람들은 92퍼센트가 여전히 건강한 상태를 유지하고 있었고, 이들은 실험이 끝난 뒤에도 운동을 중단하지 않고 지속하고 있었던 것으로 확인됐습니다. 이어 연구 팀은 주 3회 30분 이상 빠르게 걷는 운동을 네 달 이상 지속했을 때 운동이 항우울제를 복용하는 것과 비슷한 효과를 냈다고 보고하기도 했습니다. 우울증도 이러한데 건강과 스트레스와 관련해 운동의 효과는 더 말할 것도 없을 것입니다. 일단 내가 꾸준하게 지속할 수 있는 운동을 선택하는 것이 중요합니다.

마음 챙김 명상

부정적 감정이 일어날 때 이 감정에 반사적으로 반응하지 않고 한 걸음 떨어져서 생각해 볼 수 있다면, 이것이 명상을 통해 우리가 도달하고자 하는 상태일 것입니다. 우리는 우리 삶의 에너지가 과거가 아닌 현재에 머물 수 있을 때 건강한 삶을 살 수 있습니다. 현재에 발을 담그면서 호기심을 가지고 신체와 마음에서 일어나는 것들을 있는 그대로 바라보세요. 연습하면 할수록 조금씩 더 열린 마음으로 바라볼 수 있게 될 것입니다. 마음을 먹었다면 나에게 맞는 명상 방법을 찾아 시도해 보면 됩니다. 먼저 시작해 봅니다. 때로는 행동을 먼저 취하는 것이 도움이 됩니다. 나의 내면을 들여다보고, 감정과 생각에 대해 주의 깊게 생각하는 능력을 조금씩 발달시켜 봅시다. 요즘은 스마트폰의 애플리케이션을 통해서 일상에서 명상을 효과적으로 활용할 수 있도록 도와주는 것이 많습니다. 나와 잘 맞는 것을 선택해 함께 활용하면 도움이 됩니다.

건강하고 정상적인 심장 리듬은 자연 치유제

캘리포니아 하트매스 연구소HeartMath Inc.에서 개발한 '심장박동을 안정시키는 방법'은 일상에서 연습하고 실천하기에 매우 간단하면서도 유용합니다. 먼저 나의 관심을 내면으로 향하도록 하는 데 가장 효과적인 방법은 숨을 천천히, 깊게 쉬는 것입니다. 숨을 들이쉬면서 모든 관심을 호흡에 집중하여 들이마시고, 몇 초 동안 잠시 멈추었다가 천천히 부드럽게 내쉽니다.

두 번째 단계에서는 들숨과 날숨을 천천히 반복하며 의식을 심장 부위로 집중합니다. 들숨과 날숨이 몸의 중심부인 심장을 통과하고 있다고 느껴보세요. 들숨이 심장을 통과하면서 몸이 필요로 하는 맑은 공기를 가져다주고, 날숨으로 내쉬면서 몸 안의 더러운 찌꺼기를 밖으로 내보낸다고 상상해 보세요. 그러면서 나의 심장이 내가 살 수 있도록 움직이는 것을 느껴보세요.

세 번째 단계는 맑은 공기로 가슴이 확장되는 것을 느끼면서 감사한 것들을 떠올리는 것입니다. 우리 심장은 감사하는 마음에서 오는 평온함을 느낄 때 가장 안정되고 정상적인 리듬을 유지한다고 합니다. 혹은 편안하고 안정감을 느꼈던 순간을 떠올려 보아도 좋습니다.

당신은 자신을
어떻게 달래주나?

내담자를 처음 만나 그동안의 기억을 탐색하고 이야기를 들을 때
는 현재의 문제 그리고 이와 연결된 과거 트라우마 사건을 파악하
는 것도 중요하지만, 그들이 지닌 긍정적 자원을 찾는 것도 못지않
게 중요합니다. 그래서 저는 틈틈이 물어봅니다. "그 힘든 시간을
견뎌내는 데 무엇이 힘이 되었을까요?" 이때 내담자의 대답이 앞
으로의 회복 과정에 대해 많은 것을 말해줍니다. "그래도 제 이야
기를 들어주는 친구가 있었거든요", " 할머니가 저를 예뻐해 주셨
어요, 지금도 할머니 냄새를 떠올리면 안심이 되곤 해요", "엄마는
제게 관심이 없었지만, 선생님은 저를 믿어주셨던 것 같아요. 초등
학교 때 담임 선생님이 유난히 기억에 남아요."

　이전까지는 크게 주목하고 있지 않았지만 이와 같은 기억들이
무기력함과 고통 속에서도 그들이 무너지지 않게 지탱해 주었던
희망이었을 겁니다. 물론 "죽지 못해 살았어요. 도움이 된다고 느
낀 건 아무것도 없어요. 죽고 싶은 마음뿐이었는데 아직 살아 있네

요."라고 말하는 예도 있지만 말입니다. 사실 저는 이 말이 '여전히 너무 힘들고 지쳐서, 이제는 혼자서는 견디기 힘들다.'라는 속마음을 표현한 것임을 알고 있습니다.

당신은 살아남았고
성장했다

한번 가만히 돌아보세요. 고통의 한가운데에 있을 때 그 시간을 흘려보낼 수 있도록 도와준 무엇인가가 있을 것입니다. 분명 그렇기에 당신은 살아남았고 이만큼 성장했습니다.

나에게 특별한 장소나 친구, 혹은 감정을 누그러뜨릴 수 있었던 나만의 방법이 있었는지 한번 되돌아보세요. 지금까지는 어떻게 하면 이 불안과 우울과 무기력감을 없앨 수 있을지에만 초점을 뒀었다면, 이제는 나를 지탱해준 '그 무엇'에 대해 생각해 보는 겁니다. 이 시도는 내 안에 있는 긍정적 자원을 찾아가는 과정이 됩니다. 지금의 고통에서 벗어나도록 하는 힘은 외부에 있는 것이 아니라 사실은 이미 내가 해온 방안들 속에 있을 수도 있습니다. 그렇다면 내 안에 존재하는 자원이 우리가 앞으로 나아가도록 힘을 발휘할 수 있다는 것을 새롭게 깨달을 수도 있습니다.

사랑받고 보살핌을 받은 기억, 안전하고 편안함을 느꼈던 순간, 자신이 유능하다고 느꼈던 기억, 혹은 책이나 영화 속의 닮고 싶은 인물도 긍정적 자원이 될 수 있습니다. 어떤 사람들은 자신을 언제나 지켜봐 주는 신의 모습을 떠올리기도 합니다. 이런 내면의 자원을 떠올려보고 그때 느껴지는 감정이 무엇인지, 그것이 내 몸 어디에서 느껴지는지 살펴보세요. 그리고 그걸 느끼는 내 몸의 부위에 손을 얹고 손바닥의 따뜻한 온기를 느껴보는 것도 좋습니다. 이제 알아차린 그 느낌을 더 잘 기억해 두기 위해서 말입니다.

작은 성취감의 순간을 찾아보는 것도 좋습니다. 제가 말하려는 순간은 여러분만의 주관적인 경험입니다. 나만의 작은 성취감을 느낀 순간이 있을까요? 다른 사람에게는 대수롭지 않을 수도 있지만, 나에게는 무엇인가를 해냈다는 기쁨을 준 순간이나 만족감을 느꼈던 순간 말입니다. 그때가 언제였을까요? 원하던 시험에 합격했던 순간이든, 어려운 과제를 마치고 난 이후의 후련함과 성취감이든, 내가 원하는 것을 얻었을 때의 성취감을 기억해 보세요. 떠오르는 순간이 있다면 무슨 생각을 했는지, 어떤 기분이 느껴지는지, 성취감과 기분 좋은 느낌이 지금 내 몸 어디에서 느껴지는지, 마치 그때를 다시 경험하는 것처럼 생생하게 떠올려 보세요.

또 나를 이해하고 내 편이 되어준 사람을 떠올려 볼 수도 있습니다. 우리는 누군가와의 연결감을 통해 안정감을 얻고 앞으로 나아갈 힘을 얻습니다. 과거부터 지금까지 내 인생의 중요한 순간들에 함께하고 나를 이해해 주고 내 편이 되어준 사람은 누구인가요? 지금 내가 가장 믿고 마음을 기댈 수 있는 사람을 떠올려 보세요. 누구든 좋습니다.

근본적 변화보다
조그마한 안정을

당신은 현재 여전히 고통 속에 있으므로 자신이 시도하는 방법이 그렇게 힘을 발휘하지 못한다고 느낄지 모릅니다. 하지만 지금은 근본적으로 자신을 바꾸는 것이 아니라 잠깐의 순간이나마 조금이라도 안정된 상태로 옮기는 일이 중요합니다. 비유하자면 기후를 바꾸기보다는 날씨를 바꾸는 것이라고 할 수 있습니다.

여전히 감정 기복이 많고 안 좋은 생각이 꼬리를 물고 나타나 자신이 하는 일상의 노력이 아무런 소용이 없다고 느낄지 모르지만, 사실은 그렇지 않습니다. 지금 이 순간들이 모여서 하루가 되고 또 그 하루하루가 모여서 일주일이 되고 한 달이 됩니다. 우리가 할 수 있는 일은 지금 현재를 가능한 한 안정적이고 평온하게 만드는 시도입니다.

내가 하는 시도를 스스로 격려하고 인정해 주며 이것이 어떤 식으로든 나의 안정에 긍정적 영향을 줄 것이라고 믿어야 합니다. 그렇게 했을 때 이 시도들은 긍정적 영향을 발휘할 것입니다. 누군가 지지해 주고 나의 노력을 확인해 준다면 더 힘이 나는 것은 말할 것도 없겠지요.

내적인 안전감은 지금 여기 현재에 머물 수 있는 데에서 비롯합니다. 성장 과정에서 가정 내의 안전한 분위기를 경험한 아이들은 자연스럽게 내적인 안전감이 발달합니다. 가족은 안전한 대상이고 집은 안식처가 됩니다. 그런데 늘 불안하고 언제 어떤 문제 상황이 생길지 몰라 두려움을 경험하는 순간이 많았다면 내적인 안전감은 매우 약할 것입니다. 어른이 된 지금은 안전하다는 것을 생각으로는 알아도 아주 깊은 마음속에서는 안전함이나 편안함을 잘 느끼지 못할 가능성이 큽니다. 내면 깊은 곳에서는 여전히 어린 시절의 그 불안하고 두려운 감각 속에 멈춘 부분이 있기 때문입니다.

나만의
안전지대 만들기

위험에 처했을 때 안전한 피난처를 찾는 것은 자연스러운 일입니다. 외부에 그럴 대상이 없다면 우리 내면에 안식의 근원이 되는 대상이나 안식처를 만들어두는 것도 도움이 됩니다. 어린아이에게는 실제적인 애정의 대상이 생존에 절대적이지만, 어른이 된 우리는 각자의 내면에 '안전지대'를 만들어 필요할 때 언제든지 안정감을 경험할 수 있도록 연습할 수 있습니다. 트라우마 치료를 시작할 때 가장 중요한 첫 번째 과정이 내 안의 안전지대를 만드는 것입니다. 안전이라는 말이 너무 생소하면 조금이라도 편안하고 즐거운 기분을 느꼈던 순간을 찾아보세요. 나의 내면 여러 부분이 지금 현재에 머물러 안전함과 평온함을 느낄 수 있도록 연습하는 것입니다. 안전지대를 만들어가는 과정을 녹음해서 안내에 따라 다음과 같이 연습해 보는 것도 좋습니다.

먼저 조용하고 방해받지 않는 곳에서 편안하게 앉아서 심호흡을 해보세요. 내 발이 바닥에 닿은 느낌도 느껴보세요. 의자에 편안하게 기댄 등의 느낌과 엉덩이 쿠션의 감각도 느껴보세요. 그러면서 천천히 나의 내면에 주의를 기울여 봅니다. 이제 내면에서 나만의 안전지대를 찾아가는 과정을 시작해 봅니다.

마음이 편안해지고 즐거움이 연상되는 곳이 있다면 눈을 감고 상상해 보세요. 이곳은 당신이 이전에 가본 곳일 수도 있고, 아니면 당신이 상상으로 만들어낸 곳일 수도 있습니다. 이곳이 당신을 위한 특별한 내면의 공간이라고 생각해 보세요. 특별히 더 편안함을 느낄 수 있고, 안전함과 안정감을 느끼게 해주며, 당신의 마음을 치유해 주었던 나만의 어떤 곳을 말입니다. 그리고 마치 지금 그곳에 있는 것처럼 생생하게 느끼고 경험해 보세요. 그곳에서 당신이 본 것, 듣고 있는 소리, 느끼는 냄새와 향에도 주목해 보세요. 특히 그 평화로운 느낌에 집중해서 푹 빠져보세요.

그곳에 머물면서 당신은 더욱 편안해집니다. 이곳이 바로 당신의 안전지대입니다. 당신이 원하면 안전하고 편안하고 평화로운 이곳에 언제든지 올 수 있습니다. 자, 그럼 준비가 되었으면 천천히 눈을 뜨고 주변을 둘러보세요.

내 안에서 바뀌는 자율신경계의 신호등

뎁 다나^{deb dana} 박사는 포지스 박사의 다미주신경이론을 쉽게 이해할 수 있도록 설명하고, 이를 바탕으로 우리가 안정되고 편안한 상태에 머물 수 있도록 하는 유용한 가이드를 제공합니다. 바로 자율신경계^{autonomic nerve}를 사다리에 비유한 신경이론입니다.

먼저 사다리의 꼭대기로 올라가 볼까요. 이때 우리는 배쪽 미주신경^{ventral vagal}이 활성화된 상태입니다. 신호등의 파란불에 해당합니다. 우리는 안전하고 편안함을 느끼는 상태입니다. 의지하고 믿을 수 있는 사람들과 연결되어 있다고 느낍니다. 사다리의 꼭대기에 올라가 넓은 시야로 주변을 둘러보는 것처럼 호기심을 가지고 뭔가를 시도할 의욕과 활기도 생깁니다. 편안하게 차를 마시며 음악을 들을 때, 산책할 때, 마음이 맞는 친구와 전화통화를 할 때, 운동 후 샤워할 때, 여행 사진을 들여다볼 때, 배우자나 아이와 기분 좋은 이야기를 할 때와 같이 내가 안정감을 느끼는 일상의 순간들을 한번 떠올려 보세요.

그 아래 사다리의 중간 위치는 교감신경^{sympathetic nerve}이 활성화된 단계입니다. 신호등의 노란불과 같습니다. 뭔가 위험하다는 신호가 감지되었을 때의 반응들이 일어납니다. 살아남기 위해서 싸우거나 도망가려고 준비하는 것입니다. 불안하고 긴장된 상태입니다. '조심해라, 아무도 믿지 마라, 움직이지 말고 주변을 살피라'는 신호가 울립니다. 심장박동이 빨라지고 호흡은 얕아지면서 근육에 힘이 들어가고 주변을 경계합니다. 쉽게 화가 나고 안 좋은 생각들에 휩싸입니다.

사다리의 가장 아래는 빨간불입니다. 등쪽 미주신경^{dorsal vagal}이 활성화된 상태입니다. 위험에서 자신을 보호하기 위한 모든 시도가 실패하고 마치 죽은 것과 같이 얼어붙어 쪼그리고 있는 상태입니다. 옴짝달싹할 수 없는 무기력과 무감각 상태로 빠져드는 것입니다. 외부와 차단되어 혼자 어둡고 좁은 동굴에 고립된 상태와도 같습니다. 극도의 피로감을 느끼며 자기는 혼자이며 낙오자라는 생각에 갇힙니다.

내면에서 일어나는 자율신경계의 이런 반응들은 우리가 선택한 것이 아닙니다. 우리 자신을 위험으로부터 보호하기 위해 의식할 새도 없이 자동으로 일어나는 것입니다. 신경계의 사다리 세 부분은 일상 속에서 끊임없이 상호 작용하면서 위치를 조절합니다. 우리 생존을 위해 움직이는 것입니다.

우리는 몸에서 일어나는 일을 이해하면서, 자신의 상태를 제대로 파악하고 보다 있는 그대로 바라볼 수 있습니다. '내가 왜 또 이러고 있나, 난 왜 이렇게 민감하지?'라며 스스로 비난하고 수치스러워하는 목소리를 줄일 수 있습니다. 모든 신경계의 반응은 내가 좀 더 잘 생존할 수 있도록 돕기 위한 것이기 때문입니다.

마음의 상태가 사다리 아래쪽으로 내려왔다면 자신을 비난하기보다는 몸의 신호를 알아차리고 다시 파란불로 가기 위해 무엇이 필요한지 찾아봐야 합니다. 그리고 그 방법을 천천히 시도해 보세요. 자신을 있는 그대로 바라보고 올바른 방향으로 이끌어갈수록 우리는 자율신경계의 가장 안정적인 맨 꼭대기, 파란불 상태에 오래 머물 수 있습니다.

행복한 삶을 선택하기 위한
16가지 조언

다음 열여섯 가지 조언은 제가 지난 25년간 내담자들을 만나며 꼭 해주고 싶었던 말을 모아놓은 것입니다. 이 말들이 여러분에게 도움이 되고 조금이라도 회복과 성장을 위한 울림을 줄 수 있기를 바랍니다. 우리는 모두 각자의 고유한 모양과 색깔을 지니고 있습니다. 상처를 회복하는 과정이란 내가 아닌 다른 존재가 되는 것이 아니라, 나만의 모양과 색을 더 선명하게 만들어가는 과정입니다. 우리는 분명 더 나아질 것입니다.

변화를 원한다면
나를 인정해야 한다

심리학자 칼 로저스Carl Rogers는 있는 그대로의 자신을 수용할 수 있어야 거기서부터 변화할 수 있다고 했습니다. 마음에 안 들고 싫어하는 부분을 바꾸고 싶은데 그런 것들을 모두 수용하라니 역설적으로 들릴 수 있겠지만 가만히 생각해 보면 맞는 말입니다. 변화는 나에게 왜 이런 문제가 생겨났는지 스스로 이해하고 수용해 주는 과정에서 일어날 수 있습니다. 자신을 비난하기보다 나아지기 위해 어떻게 하면 좋을지를 구체적으로 시도할 수 있기 때문입니다.

시간이 약이 안 되는
트라우마 상처

몸에 난 상처는 흉터를 남깁니다. 마찬가지로 우리가 경험하는 어떤 일들은 감당할 수 있는 정도를 넘어서면 소화되지 못하고 우리 안에 파편 조각처럼 남습니다. 과거의 고통스러운 감정이 날 것 그대로 남아 현재 삶에 부정적인 영향을 미칩니다. 이런 과거의 경험에 주의를 기울이고 그것을 내 삶의 양분으로 통합하려는 시도가 필요합니다. 그렇지 않고 시간을 보내면 과거의 상처는 회복되지 못하고 더욱 곪고 맙니다.

증상은 변화가
필요하다는 신호

우울하고 불안한 감정이 지속될 때 이는 빨리 없애야 할 어떤 것이 아니라 나에게 변화가 필요함을 알려주는 중요한 신호입니다. "이제까지 잘 지내온 거 같은데 어느 날 갑자기 공황장애가 왔다. 이 증상만 없으면 내 삶은 완벽하고 행복할 것 같다."라고 상담 초기에 이야기하는 분들이 있습니다. 그렇다면 이런 질문이 생깁니다. "이제까지 문제없이 잘 지내왔는데 왜 이런 증상이 생긴 걸까요? 내면에서 왜 자연스럽게 치유되지 못하고 이렇게 오랜 시간 증상이 유지되고 있는 걸까요?" 이 분들의 살아온 이야기를 들어보면 본인은 다 정리가 되었다고 생각하지만, 실제로는 과거의 부정적 감정들이 억압된 경우가 많았습니다.

간혹 과거의 안 좋은 일들이 떠올라서 기분이 상하더라도 내 일에서나 사람들과의 관계에서 무리만 없다면, 좋지 않은 기억은 적절히 피해가며 지낼 수도 있습니다. 하지만 아무리 애쓰고 달아나려고 해도 과거의 감정이 올라오고 내 에너지가 소진되는 게 느껴진다면, 또한 우울이나 불안, 강박, 공황장애, 신체 통증 등의 증상들이 나타난다면, 그 이유가 무엇인지 들여다보지 않을 수 없습니다.

지금 느끼는 고통은
내가 이상한 탓이 아니다

많은 내담자는 부모가 제대로 사랑을 주지 않았고 정서적으로 돌봐주지 않았다는 사실을 인정하지 못합니다. 부모를 탓하기보다 이제까지처럼 자기가 부족하고 사랑받을 만하지 않다고 생각합니다. 이해하기 어려운 부모의 행동을 어떻게 해서든 이해해 보려는 내면의 어린아이가 계속 애쓰고 있습니다.

하지만 이제는 인정해 주는 것이 필요합니다. 부모 역시 일부러 나에게 상처를 주었을 리는 없겠지만 어린 시절의 내가 느꼈을 외로움과 허전함, 반복되는 자기 비난의 목소리는 내가 이상하거나 내 잘못으로 생겨난 것이 아니라 부모로부터 왔다는 것을 말입니다. 지금 이 상태에서 변화를 원한다면 무엇보다 먼저 이 모든 고통과 혼란이 내 잘못이 아니라는 것을 이해해야 합니다.

어린 시절 상처를
부인하지 않기

아이는 부모가 나를 사랑하고 보호해 줄 거라는 믿음이 없다면 살아남는 것이 불가능합니다. 아이는 부모가 나를 사랑해 주지 않는 것 같아도 언젠가는 사랑받을 수 있을 거라는 기대를 저버리지 못합니다. 성인이 되었어도 이들은 사실 부모가 나에게 제대로 사랑을 주지 않았고 결정적인 순간에 외면하고 보호해 주지 않았다는 현실을 받아들이기 어려워합니다. 마음의 상처를 부인하고 최소화하는 것으로 자신을 보호하고자 합니다.

하지만 이제 어른이 되었다면 두려워서 피하지 않아도 됩니다. 무섭고 두려웠던 과거의 감정을 안전하게 잘 느끼고 흘려보내는 방법을 배울 수 있기 때문입니다. 그리고 이 과정을 통해 어린 시절 내가 겪었을 고통과, 그로 인한 현재의 내 문제를 마주할 수 있다면, 내 삶의 에너지를 과거를 회피하는 데 쓰기보다 나를 잘 보살피고 앞으로 나아가는 데 쓸 수 있게 될 것입니다.

부모의 책임을
인정하는 것

자책과 비난을 멈추고 한 걸음 물러서서 나의 삶을 바라보고 나아가 내 부모에 대해서도 객관적으로 바라보려 시도해 보세요. 부모를 원망하거나 탓하자는 말이 아닙니다. 성장 과정에서 부모와의 관계에서 일어난 일을 이해하는 것은 궁극적으로 자신을 잘 보살피기 위해서입니다.

생각의 초점은 '부모가 왜 나에게 그렇게 대했는지 아는' 것이 아니라, '바로 그때 그 아이의 경험을 이해하고 수용해 주는' 것입니다. 이러한 이해를 통해 자신에 대한 비난과 자책의 목소리를 줄여나갈 수 있습니다. 당시 내 부모에게는 최선이었을지 모르지만, 부모 자신의 정서적 불안정과 혼란으로 아이를 안전하게 보살피고 정서적으로 살펴줘야 하는 책임을 어떻게 저버렸는지, 아이의 입장에서 진정으로 이해할 때 우리는 우리 안의 어린 자아와 진정으로 접촉하고 연민과 애정을 느낄 수 있습니다. 치유와 성장은 바로 이러한 과정에서 일어납니다.

바꿀 수 있다는 환상

바뀔 거라는 기대

변화를 방해하는 요소 중 하나는 언젠가는 부모가 내가 바라는 사랑을 주리라는 희망을 놓지 못하는 것입니다. "성인이 되어서도 여전히 내가 얼마나 힘든지 엄마가 조금이라도 이해한다면 다정하게 대해 주지 않을까?", "엄마를 행복하게 해주면 엄마가 나를 좀 더 인정해 주지 않을까?"라는 환상에 가까운 바람을 품고 있는 경우가 많습니다. 이러한 바람은 오랜 시간 동안 욕구가 충족되지 못한 어린 시절에 생긴 것입니다. 설사 부모가 지금 나를 인정하고 이해해 준다고 해도 어른으로서의 나는 충분히 안정과 만족감을 느끼는 것이 어렵습니다. 나는 이미 어른이 되었고, 어른으로서 느끼는 좌절과 고통도 한 부분을 차지하기 때문입니다.

이제는 엄마의 승인과 인정이 절대적으로 필요한 어린 시절의 내가 아니라 어른으로서의 내가 나를 인정하고 지지해 주면 된다는 것을 알아차리고 조금씩 시도해 나가야 합니다. 내가 원하는 만큼 돌아오지 않는 부모의 인정을 여전히 고대하며 나를 가두기보다 이제는 내가 나를 인정하고 격려해 주면 됩니다. 어른으로서의 내가 내면의 어린 아이에게 괜찮다고 말해주는 것입니다.

부모의 감정은
내 책임이 아니다

엄마가 힘들어 보이면 위로하고, 기쁘게 해드리려 노력하고, 부모의 말에 귀 기울여 조언하는 일은 더 이상 내 역할이 아닐 수도 있습니다. 이제라도 부모의 감정은 내 책임이 아님을 인정해 보면 어떨까요. 내가 무엇인가를 하지 않는다면 감당하지 못할 파국이 올 거라고 두려워하고 있었다면, 아마 그렇지 않을 수도 있습니다.

그보다 부모의 말에 귀 기울이고 부모의 마음에 공감해 주고 조금이라도 보탬이 되고자 애쓰는 자녀는, 그러는 동안 자신이 독립된 존재로 발달하고 성장하는 데 쓰일 에너지가 모두 소진되고 있다는 것을 알아야 합니다. '이렇게 애쓰면 가족이 좀 더 잘 지낼 수 있지 않을까', '상황이 좀 바뀌지 않을까', '엄마가 좀 더 마음을 알아주고 사랑을 주지 않을까' 하는 희망을 품고, 아이로서는 벅찬 부모의 어려움을 해결해 주고자 대신 뛰어드는 어린아이의 모습을 놓아주어야 합니다.

혼자 견디기보다
도움을 청해도 좋다

친밀한 관계를 원하고 안정된 유대 관계를 유지하려는 마음은 건강한 욕구이고 꼭 필요한 것입니다. 혼자 이겨

낼 때도 있겠지만 기본적으로 우리는 서로 접촉하고 보호하며 유대감을 느낄 때 어려움에 더 잘 대처하고 자기조절감을 발휘할 수 있는 존재입니다. 특히 어린 시절 부모와의 관계에서 경험한 트라우마는 혼자서 회복하기는 어렵습니다. 어린 시절 그 많은 시간을 혼자 견뎌왔는데 그것을 깨닫고 나서도 여전히 혼자 견딜 필요는 없습니다. 어린 시절의 고통이 지금의 나에게 미치고 있는 영향을 이해하고 수용하는 과정을 함께할 동반자를 찾아보는 것도 좋습니다. 그것은 친구이거나 상담자일 수도 있고, 믿을 만한 또 다른 누군가일 수도 있습니다. 혼자 애쓰기보다는 도움받을 수 있는 안전하고 건강한 사람을 잘 찾는 노력이 당신에게 더 필요할지도 모릅니다. 여건이 된다면 잘 훈련받고 경험 있는 좋은 상담자를 찾는 것이 지름길이 될 수도 있습니다. 진정한 치유와 성장은 따뜻하고 믿을 수 있는 안전한 관계 속에서만이 가능한 일입니다.

변화의 시도,
하나의 실험과 같다

상처에서 회복하고 변화하는 과정의 어려움은 종종 수영을 배우는 과정에 비유해 설명하기도 합니다. 상상해 보세요. 어린시절 불안함과 막막함을 경험하고 있는 아이에게 누구도 어떻게 하면 물에 뜰 수 있고 앞으로 나아갈 수 있는지 알려주지 않습니다. 결국 아이는 자신이 할 수 있는 한 온몸을 허우적거리며 필사적으로 노력합니다. 시간이 지나 혼자서는 안 되겠다는 생각이 들어서 용기 내 선생님을 찾아 제대로 수영을 배우기로 합니다. 우리가 그동안 혼자 익히고 살아남기 위해 써온 방안들을 내려놓고 한 번에 변화할 수 있을까요?

변화가 필요하다는 것을 알고, 수영을 제대로 배우면 더 좋으리라는 것도 알지만 그동안 나름대로 해온 자신만의 방식에 익숙해져서 방법을 바꾸기가 쉽지 않을 수 있습니다. 자꾸 이전의 방식이 나옵니다. 새로운 호흡, 발차기, 팔 돌리기를 할 때 더 힘이 들어가고 어렵게 느껴집니다. 하지만 익숙해지고 나면 훨씬 더 여유 있게, 부드럽게 물을 가로질러 멀리 갈 수 있게 될 것입니다. 그 시점에 가서야 이전까지 얼마나 힘겹게 몸을 휘저었고 어렵게 애썼는지를 실감할 것입니다.

새로 익힌 수영 방법이 익숙해질 때까지 자신을 격려하며 시간과 기회를 주세요. 안전하고 편안하게, 더 멀리 갈 수 있음을 체험할 때까지 기다려 주세요. 그럴 때 우리는 믿기 어려울 만큼 몸과 마음의 에너지를 새롭게 쓸 수 있고 자유롭게 멀리 나아갈 수 있게 됩니다. '어떤 새로운 경험을 하게 될지 실험해 보자'라는 마음으로 자신에게 기회를 주는 것이 필요합니다.

내가 새롭게 알게 된 것으로
과거를 들여다보다

어린 시절 "다 너 잘되라고 하는 거야."라는 말과 함께 부모로부터 체벌을 심하게 당하고 자란 30대의 내담자가 자신이 아이를 때리지 않고 기르는 모습을 상상조차 할 수 없다고 말한 적이 있습니다. 이처럼 사회 인식이나 법이 아무리 바뀌어도 스스로 문제의식을 품고 변화를 위해 노력하지 않으면 자신이 길러진 대로 자녀를 기르기에 십상입니다. 내 몸에 오랫동안 스며 있는 태도를 바꾸기란 쉽지 않기 때문입니다.

지금 새롭게 보고 듣고 알게 된 것을 바탕으로 자신의 경험을 들여다보세요. 어린 시절에는 아무런 의심 없이 받아들일 수밖에 없었던 것들을 오늘날 우리가 아는 것과 한 번 비교해 보세요. 부모가 얼마나 잘못했는지를 따져보자는 것이 아닙니다. 지금 어른으로서 비로소 알고 깨달은 나의 시선으로 어린아이가 어떻게 느꼈을지 바라보자는 것입니다. 지금의 당신은 어린아이를 어떻게 대해야 하는지 당신의 부모보다 훨씬 더 많이 알 수도 있습니다. 그때는 몰랐더라도 지금이라도 안다는 사실이 세대를 반복해 상처가 이어지지 않도록 하는 희망이 될 수 있는 것입니다.

당신은 이미
부모 세대와 다르다

"좋은 부모가 될 자신이 없어서 아이를 안 낳으려구요, 내 부모처럼 될까 봐 정말 두려워요."

어린 시절 너무 힘들었고 지금 자신에게 뭔가 문제가 있다고 생각하는 20대, 30대 중에는 자신이 경험한 부정적 경험과 고통을 반복하지 않기 위해 부모가 되고 싶지 않다고 말하는 경우가 꽤 있습니다. 생각할수록 내 부모처럼 될까 봐 두렵다고 말합니다. 어떻게 해야 좋은 부모가 되는지 전혀 모르는 상태에서 대를 이어 불행을 전달하고 싶지 않으니, 부모가 되는 것은 신중해야 한다고 말입니다.

이런 마음이 괜찮은 거냐고 묻는다면 저는 긍정적인 과정이라고 말하고 싶습니다. 부모가 하라니까 어떻게 해서든 결혼은 해야하고, 무조건 자녀는 낳아야 된다는 생각, 혹은 내 자신이 너무 힘들고 불행한데 아이라도 낳으면 좀 더 나아지지 않을까, 결혼생활도 좀 더 안정되지 않을까, 등 막연한 생각으로 자녀를 낳는 것보다는 성숙한 대처일 것입니다.

하지만 그들이 어떤 결정을 하든 저는 이 말도 전하고 싶습니다. "당신은 이미 당신의 부모 세대와는 다르다."라고 말입니다. 자신의 고통이 어디에서 왔는지 내면을 들여다보고, 스스로 회복하기 위해 노력하는 당신은 이미 부모와는 다른 삶을 살고 있습니다.

당신은 누구보다도 정서적으로 성숙하고 좋은 부모가 되기 위한 준비를 하고 있습니다. 이 말들은 모두 제 진심입니다. 우리는 살아온 삶을 다시 살 수도 없고, 그것을 부인할 필요도 없습니다. 과거를 통해 무엇인가를 배울 수 있고 성장할 수 있으면 됩니다.

작은 것이라도
성취하는 경험

현재의 고통으로부터 벗어나기 위한 회복의 과정에는 긍정적인 의미에서 견디는 힘을 배워나가는 노력이 필요합니다. 어른으로서 성장해 나아가야 하니까요. 그런데 어린 시절 부정적 경험들로 늘 불안하고 우울하고 마음이 편치 않았던 이들은 자신이 무엇을 견뎌야 하는지, 어디까지 참고 노력해야 하는지 잘 모르는 경우가 많습니다. 분노에 차 있는 내면의 어떤 부분은 '내가 이제까지 얼마나 힘들었고 지금도 이렇게 지쳤는데 뭘 더 노력하란 말이야!'라고 소리칠 수도 있습니다. 하지만 이때 말해주어야 합니다. '맞아. 아이로서 감당하기 힘든 것을 혼자 견디느라고 고통스러웠을 거야. 그래, 지쳤을 만해. 하지만 지금 내 앞에 있는 것은 이제 어른이 된 내가 감당할 수 있고 원하는 거야. 나는 지금 다시 고통을 경험하려는 게 아니라 기쁨과 성취감을 얻고 앞으로 나아가려는 거야.'라고 말입니다.

과거와 다른 자신만의 성취 경험을 얻게 되면 이것이 앞으로 나아가도록 하는 매우 중요한 전환점이 됩니다. 일상에서의 작은 성취 경험, 끝마무리를 하는 경험을 인정하고 지지해 주어야 합니다. 무언가를 해내면 또 다른 것을 향해 끊임없이 자신을 채찍질하지 않고 말입니다.

이 과정을 새롭게 경험하고 느낄 수 있도록 누군가 도와줄 수 있다면 더욱 좋을 것입니다. 처벌이나 두려운 상황을 피하기 위해서가 아니라 즐거움과 만족감을 느끼기 위해서 뭔가를 시도하고 기꺼이 노력하는 과정을 경험할 수 있도록 함께 이끌어주는 것입니다.

운전석에는 어른이 된
내가 앉아 있다

인생의 길 위를 달리는 차 안에서 당신은 지금 운전석에 앉아 있습니다. 부모도, 어린 시절의 나도 아닌 어른으로서의 내가 앉아 있습니다. 하지만 내 안에 고통스러운 감정의 응어리가 표현되지 못하고 눌려 있을 때 나도 모르는 사이에 수시로 내면의 어린아이가 자동차의 운전석에 앉습니다. 그러면 현재의 내 삶은 불안정해집니다. 어른으로서의 내 삶을 운전해 나가는 길은 어린아이가 감당하기에는 너무 버겁기 때문입니다.

현재 삶을 움직이는 자동차의 운전석에는 어린 시절 고통 받은 나의 감정을 알아차려 주고 안심시켜 줄 수 있는 어른이 된 내가 앉아 있어야 합니다. "지금 이런 감정이나 생각은 20대의 내 것이 맞나? 지금이 이렇게 불안하고 두려워할 만한 상황인가? 현재 나는 어느 정도 잘 대처하는 것 같은데, 이 불안은 어린 시절의 느낌인 것 같아. 마음을 좀 차분하게 해보자." 이렇게 나에게 수시로 질문하고 말해주는 것도 도움이 될 수 있습니다. 그래야 내 삶을 안전하게 잘 이끌어 나갈 수 있습니다.

나는 언제든지 방향을 바꾸거나 멈출 수 있고, 속도를 늦출 수도 있습니다. 내가 원하는 것을 선택할 수 있다는 것을 기억하세요. 이런 태도는 트라우마의 극심한 무기력감에서 벗어나도록 도와주는 해독제입니다. 어리고 할 수 있는 것이 별로 없었던 그 어린아이가 아니라, 이제는 무엇이든 선택할 수 있는 어른이 된 것입니다.

불행과 행복은
공존할 수 있다

행복한 부부와 부모·자녀 관계에 대해 많은 연구를 한 심리학자 존 가트먼john gottman 박사는 우리가 편안하고 안정감을 느낄 때 긍정적 감정과 부정적 감정의 황금비율이 5 대 1이라는 연구 결과를 내놓았습니다. 우리가 1의 부정적 감정을 느낄 때 다섯 배인 5의 긍정적 감정을 느낄 수 있어야 안정되고 편안한 상태가 된다는 말입니다.

가트만 박사의 연구처럼 우리는 부정적인 감정의 영향을 훨씬 더 강하게 받습니다. 부정적인 생각이나 감정은 훨씬 더 자주 떠오르고 오래 남습니다. 그래서 오랫동안 우울한 기분에 빠져 있다면 긍정적인 감정을 느끼기 위해 의식적으로 노력하고 주의를 기울여야 합니다. 지금의 고통과 불행이 완전히 없어져야 비로소 행복해질 수 있다고 생각해서 자신의 부정적인 부분이나 문제에만 초점을 두고 주목한다면, 우리는 우울감에서 헤어나올 수 없습니다.

불행하다고 생각하는 외부 상황이 하나도 달라지지 않았어도 이런저런 자극들로 행복감을 경험할 수 있습니다. 나의 문제를 해결하기 위한 시도도 필요하지만, 다른 이면의 긍정적인 감정을 강화하고 나의 내적인 힘과 자원을 찾는 과정도 못지않게 중요합니다. 사실 이것이 회복의 과정에 더 강력한 힘을 발휘합니다.

이미 당신 안에 있는
치유의 힘

언젠가 처음 찾아온 내담자가 이런 말을 한 적이 있습니다. "그동안 너무 오래 고생을 해서 이번이 마지막이라는 심정으로 왔어요. 선생님이 앞으로 제가 나아질 수 있는 답을 가지고 있고, 특별한 치료 방법으로 이끌어주실 거라고 믿고 싶어요." 라고 말입니다. 저는 이렇게 설명드렸습니다. "제가 그 문제를 혼자 해결할 수 있는 게 아니에요. 이미 회복하기 위한 자원과 답은 본인 내면에 들어 있을 겁니다. 다만 저는 그 회복력이 잘 작동하지 못하도록 하는 방해물을 찾고, 그 방해물을 치울 수 있도록 도우며 함께 가는 겁니다."

트라우마를 회복한다는 것은 치료자가 정한 답을 향해 내담자를 이끌어가는 것이 아닙니다. 누구에게나 들어맞는 정답은 존재하지 않습니다. 저마다의 최선은 모두 다르며 그 과정은 내담자와 치료자가 힘을 합해 섬세하게 만들어가야 하는 과정입니다. 치료자는 내담자의 고통에 휩쓸리지 않는 믿음직하고 진실한 존재로, 회복의 여정에 동행하는 안내자이고 증인입니다.

시도해보기

어른으로서 자신을 잘 보살핀다는 것

사회적으로 유능하다고 인정받더라도 자신의 건강을 소홀히 하거나 타인이 무례하게 행동하는 것을 제지하지 못하는 사람들이 많습니다. 자신의 부정적 감정을 조절하는 데 어려움도 느낍니다. 어린 시절 트라우마를 다루기 이전에 어른으로서 자신을 보호하고 보살핀다는 것이 무엇인지 살펴봅시다. 궁극적으로 우리는 모두 이런 노력을 해나가야 합니다.

- 내 몸을 아끼고 살필 줄 안다.
  내 몸은 나와 평생을 함께 가야 할 소중한 것입니다. 통제하거나 함부로 해야 할 대상이 아닙니다. 잘 먹고, 잘 자고, 몸의 상태가 좋지 않을 때는 적절하게 보살피는 것, 안정감을 느낄 수 있도록 주변 환경을 정돈하는 것 등은 어른으로서 내가 나를 잘 보살피는 것 중 하나입니다.

- 내 감정과 욕구를 존중하고 그에 적절하게 행동한다.

  이기적으로 되라는 말이 아닙니다. 자기 내면을 들여다보고 자신의 욕구와 필요를 우선순위에 두는 것입니다.

- 자신을 있는 그대로 바라본다.

  자신을 건강하게 보살피기 위해서는 자신을 있는 그대로 바라볼 줄 알아야 합니다. 나아가 다른 사람을 존중하고 공감할 줄 알며, 자신의 잘못이나 실수를 기꺼이 인정할 줄 아는 것도 나를 어른으로서 보호하는 것입니다. 자신의 무기력감과 부족함을 감추기 위해 타인을 원망하고 탓하거나 자신의 능력을 과대평가하는 경우도 많습니다.

- 내 고통을 건강한 방법으로 달랠 줄 안다.

  고통스러울 때는 누구나 따뜻하게 위로받고 다독임 받기를 원합니다. 내게 상처가 되는 관계를 끊지 못하고 자기 파괴적인 행동을 하고 있다면 내게 이런 부분이 왜 생겼는지 이해하는 과정이 필요합니다.

- 긍정적인 감정을 진심으로 느끼고 누린다.

  트라우마를 회복하는 과정에는 부정적 감정을 잘 다루어가는 것도 중요하지만 '긍정적인 감정을 견뎌보기(positive affect tolerance)' 연습도 있습니다. 기분이 좋을 때는 그 감정을 마음껏 느껴도 되는데 '나 이래도 되나?' '지금은 기분이 좋은데 뭔가 안 좋은 일이 일어나는 것 아닌가?' 하는 불안을 유발하는 강박적 생각이 떠오르는 경우가 많습니다. 그럴 때는 자신에게 말해주세요. "지금은 안전해. 이런 즐거운 감정은 자연스러운 거야. 충분히 느껴도 괜찮아."라고 말입니다.

- 나 자신을 편안하고 행복하게 하는 활동이나 관계를 유지하고 있다.

  하루 중 잠깐이라도 쉬는 시간을 정하고 휴식을 가질 수 있는 일이 무엇이 있을지 찾아보고 시도해 보세요. 별로 쉬는 느낌이 안 든다면 다른 것을 또 찾아 연습하면 됩니다. 중요한 것은 한순간에 내가 노력해 온 것들이 무너지거나 내가 걱정하는 일들이 일어나지 않는다는 것을 조금씩 경험하며 깨닫는 것입니다.

- 필요할 때 다른 사람들에게 도움을 요청한다.

누구나 부족함이 있고 어려움에 처했을 때 도움을 청할 수 있습니다. 만약 친구가 힘든 상황에 처했다면 친구에게 뭐라고 말해주고 싶은가요? 어린 조카가 도움을 청한다면 당신은 어떻게 해주고 싶나요? 떠오르는 답이 있다면 그 답을 자신에게도 적용해 보세요.

- 타인과 적절한 경계를 만들고 유지한다.

누구나 안정된 관계를 원하지만 조금의 갈등도 없는 관계는 불가능합니다. 상황에 따라 상대방의 요구를 거절도 해야 하고 서로의 이해가 맞지 않거나 오해가 생겨 불편한 감정을 경험할 수도 있습니다. 하지만 우리가 관계를 지속할 수 있는 것은 화해하고 회복할 줄 알기 때문입니다.

타인과 건강한 경계를 만들려면 우선 내가 원하는 바와 나의 감정을 알고 분명하게 표현할 수 있어야 합니다. 이제 어른인 당신은 타인이 나에게 함부로 하거나 무시하는 것을 견디지 않아도 됩니다. 내가 원하지 않을 때 누구도 나의 몸을 만질 수 없고 내가 원하지 않으면 성적 관계도 거절할 수 있는 것입니다. 이제 어른으로서 나에게는 선택할 힘이 있고 그에 따른 책임을 지는 것도 배울 수 있습니다. 부모에게도 '아니요'라고 표현해 보세요. 부모로부터 정서적 분리와 건강한 거리두기를 연습해 보세요. 이것이 건강한 경계의 시작입니다.

회복탄력성: 하와이 카우아이섬 연구

하와이 카우아이섬에서는 1955년 이 섬에서 태어난 모든 신생아를 대상으로 어른이 될 때까지 추적 조사하는 대규모 연구가 있었습니다. 당시 카우아이섬의 생활 여건은 매우 열악했습니다. 주민 대다수가 가난과 질병에 시달렸고 제대로 된 교육을 받지 못했습니다. 알코올의존증이나 정신질환, 사회적 부적응 문제를 겪는 사람들이 많았습니다. 이 연구의 초점은 어린 시절 성장 과정에서 경험한 여러 가지 불행한 일이나 부정적인 사건이 성인이 되었을 때 신체적 질병, 우울, 불안, 성격장애, 사회적 부적응, 범죄와 같은 다양한 문제를 유발할 가능성이 높다는 것을 입증하는 데 있었습니다.

오랜 시간에 걸쳐 진행된 연구 결과는 우리가 흔히 이해하고 추측하는 것에서 크게 벗어나지 않았습니다. 부모가 알코올의존증이 있거나 정신적으로 불안정할 때, 가정 폭력 등의 문제가 있을 때 아이들은 성장에 어김없이 부정적인 영향을 받았습니다. 한부모가족의 아이들은 학교와 사회에 적응하기 힘들어 했습니다.

그런데 이 연구에 함께 참여한 발달심리학자 에미 워너Emmy Wener는 뜻밖의 놀라운 발견을 하게 됩니다. 연구대상 중에서도 출생 및 성장 여건이 열악하고 극단적인 아이들은 '고위험군'으로 분류돼 있었는데, 이 아이들 중 3분의 1이 예측에서 벗어나 전혀 문제를 일으키지 않았던 것입니다. 뿐만 아니라 오히려 부모의 사랑과 보호를 받고 필요한 교육을 잘 받은 아이들이 보이는 특징을 가지고 있었습니다. 자신의 감정을 잘 표현할 줄 알고 다른 사람을 배려할 줄 알며 긍정적이고 학업 성취도가 높은 자신감 있는 청년으로 성장했습니다.

워너는 이 놀라운 결과에 주목했습니다. 다른 아이들과 달리 이 아이들은 그 열악한 환경에서 어떻게 건강하게 성장할 수 있었을까? 건강하게 자랄 수 있었던 원동력이 어디에서 온 것일까? 워너는 건강하게 잘 성장한 3분의 1에 속하는 아이들에게서 트라우마 회복을 이해하는 데 결정적인 개념을 발견했습니다. 바로 스트레스를 받거나 충격을 받아 휘청할 때 다시 나를 일으켜 세우고 어려움에 효과적으로 대처하도록 하는 능력, '회복탄력성resilience'입니다. 이 아이들에게는 '어떤 상황에서도 내 이야기를 들어주고, 무조건 이해해주고, 받아주는 대상'이 적어도 한 사람은 있었는데, 이들의 존재가 아이들이 회복탄력성을 기를 수 있도록 도와주었습니다.

성장 과정에서 우리는 당연하게도 크고 작은 스트레스를 겪습니다. 이 스트레스로 신체적·정서적으로 불안정해지지만, 다시 안정적인 상태를 찾아가는 과정을 통해 회복하는 힘을 기를 수 있습니다. 그런데 이 과정에는 반드시 누군가의 도움이 필요합니다. 아이는 불안하고 불편하고 두려운 것들이 많지만, 옆에서 다시 일어설 수 있도록 힘을 보태주는 누군가와의 관계를 통해 안정된 상태로 돌아가는 것을 경험하고, 이런 경험들이 쌓여 외부의 자극과 상처로부터 회복할 수 있는 탄력을 키워 나갑니다. 회복탄력성이 자라는 것입니다.

아동기 불행이 내 운명을 결정하는 건 아니다

아래 문항들은 회복탄력성에 관한 다양한 자료를 기반으로 치료자와 심리학자로 구성된 연구자들이 개발한 것인데, 심리학자 마크 레인스^{Mark Rains}와 맥클린^{Maclim}이 수정, 보완한 내용을 담았습니다. 열네 가지 질문 중에 조금이라도 '그렇다'는 생각이 드는 부분이 있는지 살펴보세요. 어린 시절 여러분이 경험한 긍정적인 부분, 나의 자원이 될 수 있는 것은 무엇이었나요? 어린 시절의 고통을 견뎌내고 다시 일어서 당신의 삶이 흘러가도록 해준 것들이 어떤 요소들이었나요?

안전하고 사랑받는 어린 시절을 보냈다면 더할 나위 없이 좋겠지만 그것만이 지금 성인으로서의 내 삶을 보호해 주고 평생의 행복한 인생을 보장해 주는 것은 아닙니다. 내가 이만큼 성장해 오는 데 기여한 긍정적인 것들은 찾아서 더 강화하고, 나에게 부족한 것은 채워나가는 시도를 앞으로 계속 해나가면 됩니다. 여러분에게는 앞으로의 인생 시간이 더 많으니까요.

1. 내가 어렸을 적에 어머니가 나를 사랑했다고 믿는다.

2. 내가 어렸을 적에 아버지가 나를 사랑했다고 믿는다.

3. 내가 어렸을 적에 다른 사람들이 어머니와 아버지를 도와 나를 돌보았고 나를 사랑하는 것 같았다.

4. 내가 갓난아이였을 때 가족들이 나와 함께 놀아주었고 나도 가족들과 놀기를 좋아했다고 들었다.

5. 내가 아이였을 때 슬프거나 걱정거리가 있을 때 달래주는 친적이 있었다.

6. 내가 아이였을 때 이웃이나 친구 부모님이 나를 좋아해주는 것 같았다.

7. 내가 아이였을 때 나를 도와줄 선생님, 청소년단체 지도자, 종교 지도자 등이 있었다.

8. 가족은 내 학교 생활에 신경을 써주었다.

9. 가족, 친구, 주변 사람들과 우리 삶을 더 낫게 만들 방법들에 대해 자주 이야기했다.

10. 가정에 규칙이 있었고 가족은 그 규칙을 지키도록 노력했다.

11. 기분이 매우 안 좋을 때면 대부분의 경우 내가 믿을 수 있는 사람과 이야기를 나눌 수 있었다.

12. 내가 청소년이었을 때, 사람들은 내가 무엇인가 할 능력이 있고 해낼 수 있다는 것을 알아주었다.

13. 나는 독립적이었고 원하는 것을 적극적으로 해내는 유형이었다.

14. 나는 인생은 자기 스스로 만드는 것이라고 믿었다.

질문에 답해 보면서 나를 이해하고 통찰하는 길잡이로 활용할 수 있다면 그것에 의미가 있습니다. 그리고 이 과정을 누군가와 이야기 나누어볼 수 있다면 더욱 좋겠지요. 바로 그런 순간이 우리의 회복탄력성을 키우는 시간이 될 것입니다.

저마다의 고통은 비교할 수 있는 것이 아닙니다. 저는 날마다 많은 이들의 인생 이야기를 듣습니다. 저를 믿고 자신의 이야기를 들려준 많은 내담자 분께 진심으로 고마움을 전합니다. 상처를 치유하고 성장해 가는 인생의 어느 한 부분에서 치료자로서 그들과 동행하며, 타인의 인생 경험을 존중하고 더욱 겸손해져야 한다는 것을 깨달았습니다. 인간은 누구나 취약한 존재이지만 그 어떤 것이든 견뎌내고 살아남아 성장할 수 있는 존재라는 것도 배웠습니다. 그들은 나에게 많은 것을 가르쳐준 인생의 스승이기도 합니다.

갈매나무 출판사 박선경 대표의 진심 어린 따뜻한 격려는 참 좋은 인연을 느끼게 해주었습니다. 부족한 글을 다듬고 여러모로 애써준 이유나 편집장과 오정빈 편집자에게도 고마움을 전합니다. 임상가로서 오랜 세월 지치지 않고 여기까지 올 수 있도록 함께 연구하고 공부해 온 동료 선생님들에게도 감사의 마음을 전합니다.

마지막으로 인생의 희노애락 감정을 나누며 든든한 베이스캠프로 늘 함께해 온 남편, 어느덧 20대 어른으로 건강하게 잘 자라준 딸과 아들에게 진심으로 사랑한다는 말을 전합니다.

참고문헌

- 김소영, 《어린이라는 세계》, 사계절, 2020.
- 김주환, 《회복탄력성》, 위즈덤하우스, 2011.
- 김희경, 《이상한 정상가족》, 동아시아, 2017.
- 네이딘 버크 해리스, 정지인 옮김, 《불행은 어떻게 질병으로 이어지는가》, 심심, 2019.
- 다비드 세르방-슈레베르, 정미애 옮김, 《치유》, 문학세계사, 2004.
- 도나 잭슨 나카자와, 박다솜 옮김, 《멍든 아동기, 평생건강을 결정한다》, 모멘토, 2020.
- 루이스 코졸리노, 강철민·이영호 옮김, 《정신치료의 신경과학》, 학지사, 2010.
- 마크 월린, 정지인 옮김, 《트라우마는 어떻게 유전되는가》, 심심, 2016.
- 베셀 반 데어 콜크, 제효영 옮김, 《몸은 기억한다》, 을유문화사, 2016.
- 샌드라 폰센, 김준기·배재현 옮김, 《복합 트라우마와 해리에 대한 이해》, 마음과마음, 2018.
- 앤절린 밀러, 이미애 옮김, 《나는 내가 좋은 엄마인 줄 알았습니다》, 월북, 2020.
- 앨리스 밀러, 신홍민 옮김, 《폭력의 기억, 사랑을 잃어버린 사람들》, 양철북, 2006.
- 오사 게렌발, 강희진 옮김, 《그들의 등 뒤에서는 좋은 향기가 난다》, 우리나비, 2015.

- 조니스 웹 등, 강에스더 옮김, 《정서적 방치와 공허감의 치유》, 학지사, 2018.
- 주디스 허먼, 최현정 옮김, 《트라우마》, 플래닛, 2007.
- 토머스 루이스 등, 김한영 옮김, 《사랑을 위한 과학》, 사이언스북스, 2001.
- J. D. 밴스, 《힐빌리의 노래》, 흐름출판, 2017.
- 2018년 아동 학대 주요 통계, 아동권리보장원, 2019.
- Ainsworth, M. D. S., Blehar, M. C., Waters, E., & Wall, S. (1978). *Patterns of attachment: A psychological study of the strange situation.* Lawrence Erlbaum.
- Allan N. schore. (2003). *Affect dysregulation and disorders of the self.* W. W. Norton & Company
- Arielle Schwartz. (2020). *A practical guide to complex PTSD.* Rockridge Press.
- Beverly Engel. (2006). *Healing your emotional self.* Wiley & Sons, Inc.
- Daniel A. hughes, Janathan Baylin. (2012). *Brain based parenting.* W. W. Norton & Company.
- Daniel J. Siegel, Mary hartzell. (2003). *Parenting from the inside out.* Tarcher penguin.
- Deb Dana. (2018). *The polyvagal theory in therapy.* W. W. Norton & Company.
- L. Alan Sroufe et al. (2009). *The development of the person: The Minnesota Study of Risk and Adaptation from Birth to Adulthood.* the Gilford press.
- Linsay G. Gibson. (2015). *Adult children of emotionally immature parents.* New Harbinger Publications, Inc.
- Pete Walker. (2014). *Complex PTSD : from surviving to thriving.* An azure coyote book.
- Porges, S. W.. (2017). *The Pocket Guide to the Polyvagal Theory.* W. W. Norton & Company.
- Suzette boon et al. (2011). *Coping with trauma related dissociation.* W. W. Norton & Company.
- Christina D. Bethell et al. (2014). Adverse Childhood Experiences: Assessing

The Impact On Health And School Engagement And The Mitigating Role Of Resilience. *Health Affairs, Vol.* 33, NO. 12, 2106-2115.

• Dutra, L., Bianchi, I., Siegel, D. J., & Lyons-Ruth, K. (2009). The relational context of dissociative phenomena. In P. F. Dell & J. A. O'Neil (Eds.), *Dissociation and the dissociative disorders: DSM-V and beyond.* Routledge/ Taylor & Francis Group.

• Frances A. Champagne, Darlene D. Francis, Adam Mar, Michael J. Meaney. (2003). Variations in maternal care in the rat as a mediating influence for the effects of environment on development. *Physiology & Behavior,* 79, 359–371.

• Hubel, D. H., Wiesel, T. N.. (1962). receptive field binocular interaction and functional architecture in the cat's visual cortex. *journal of physiology,* 160, 106-154.

• Michael J. Meaney. (2001). Maternal care, gene expression, and the transmission of individual difference in stress reactivity across generation. *Annu. Rev. Neuroscience,* 24, 1161–1192.

• Rachel Yehuda, et al. (2009). Gene expression patterns associated with post traumatic stress disorders following exposure to the world trade center attacks. *Biological Psychiatry,* 1, 66(7), 708-711.

• Sorce, J. F., Emde, R. N., Campos, J. J., & Klinnert, M. D. (1985). Maternal emotional signaling: Its effect on the visual cliff behavior of 1-year-olds. *Developmental Psychology,* 21(1), 195–200.

• Tie-Yuan zhang, Carine parent, Ian weaver & Michael J. meaney. (2004). Maternal Programming of Individual Differences in Defensive Responses in the Rat. Ann. *New York Academy of Sciences,* 1032, 85–103.

• Tie-Yuan Zhang et al (2005). Maternal Programming of Individual Differences in Defensive Responses in the Rat. *Annals of the New York Academy of Sciences,* 1032(1), 85-103.

• Vincent J. Felitti et al. (1998). Relationship of childhood abuse and household dysfunction to many of the leading causes of death in adults: the Adverse Childhood Experiences (ACE) Study. *American journal of preventive medicine*, 14(4), 245-258.

• Vincent J. Felitti, Robert F. Anda. (2009). The relationship of adverse childhood experiences to adult medical disease psychiatric disorsers an sexual behavior: implications for healthcare. in the *The Hidden Epidemic: The Impact of Early Life Trauma on Health and Disease*. R. Lanius, E. Vermetten editors. Cambridge University Press.

• Andrew Curry. (2019. July 18). Parents' emotional trauma may change their children's biology. Studies in mice show how. https://science.sciencemag.org/

• Rodrigo Orso et al. (2019. August 28). How Early Life Stress Impact Maternal Care: A Systematic Review of Rodent Studies. https://www.frontiersin.org/journals/behavioral-neuroscience

이 책이 당신 마음의 회복을 도와줄
하나의 씨앗이 되기를 바랍니다.

나는 가끔 엄마가 미워진다

초판 1쇄 발행 2021년 7월 26일
초판 3쇄 발행 2022년 5월 13일

지은이 • 배재현

펴낸이 • 박선경
기획/편집 • 이유나, 강민형, 오정빈, 지혜빈
마케팅 • 박언경, 황예린
표지 디자인 • 엄혜리
제작 • 디자인원(031-941-0991)

펴낸곳 • 도서출판 갈매나무
출판등록 • 2006년 7월 27일 제395-2006-000092호
주소 • 경기도 고양시 일산동구 호수로 358-39, 808호 (백석동, 동문타워1)
        (우편번호 10449)
전화 • (031)967-5596
팩스 • (031)967-5597
블로그 • blog.naver.com/kevinmanse
이메일 • kevinmanse@naver.com
페이스북 • www.facebook.com/galmaenamu

ISBN 979-11-91842-00-5 / 03180
값 15,000원